insel taschenbuch 5119
Rainer Maria Rilke
Liebe

AF177350

In Rainer Maria Rilkes Leben spielte die Liebe eine bedeutsame Rolle, persönliche Erfahrungen und Gefühle fanden vielfach Eingang in seine Poesie. So verbindet Rilke Liebe und Tod, Liebeslust und Liebesklage und nicht zuletzt Liebe und Dichtung. Gefühlvoll und zum Teil leise ironisch schreibt er von der Suche nach Geborgenheit und Sinnlichkeit, von der Ratlosigkeit der Liebenden und vom Erfassen und Halten des geliebten Menschen.

Einfach ist sie nicht, doch wird die Liebe ernst genommen und durch schwierige Zeiten hindurch sorgsam bewahrt, offenbart sie uns ihr schönstes Geheimnis, denn: »Einmal liebend, einmal entflammt, darf man sich nicht mehr für unglücklich halten.«

Rainer Maria Rilke wurde am 4. Dezember 1875 in Prag geboren und studierte Literatur, Kunstgeschichte und Philosophie in Prag, München und Berlin. Er starb am 29. Dezember 1926 im Sanatorium Valmont bei Montreux in der Schweiz an Leukämie.

Raoul Walisch wurde 1979 in Luxemburg geboren. Studium der Germanistik und Philosophie und anschließende Promotion über Rainer Maria Rilke an der Ruprecht-Karls-Universität Heidelberg. Dort lebt er mit seiner Familie.

RAINER MARIA RILKE

LIEBE

Ausgewählt und
mit einem Nachwort
von Raoul Walisch

INSEL VERLAG

Diese Textauswahl ist erstmals 2015 unter dem Titel
Liebe (it 4352) erschienen.

Erste Auflage 2025
insel taschenbuch 5119
© Insel Verlag Anton Kippenberg GmbH & Co. KG, Berlin, 2015
Alle Rechte vorbehalten. Wir behalten uns auch eine Nutzung des Werks
für Text und Data Mining im Sinne von § 44b UrhG vor.
Umschlaggestaltung: Burkard Neie, Berlin
Satz: Satz-Offizin Hümmer GmbH, Waldbüttelbrunn
Druck: CPI books GmbH, Leck
Printed in Germany
ISBN 978-3-458-68419-0

Insel Verlag Anton Kippenberg GmbH & Co. KG
Torstraße 44, 10119 Berlin
info@insel-verlag.de
www.insel-verlag.de

Liebe

Aus meinem Tag soll ich Dir noch erzählen: er ist arm, denn Du bist fern; er ist reich, denn Deine Güte liegt leuchtend über seinen Dingen. Ich spreche viel zu Dir und mit allem von Dir. Lebe leider mitten unter Menschen die mit ihrem Lautsein meine Träume stören, natürlich kenne ich keinen. Es sind Menschen, die von Ausflügen, Regentagen und Kindererziehung sprechen, sich tiefe Verbeugungen machen, wobei sie grinsen und sich die Hände reiben, und sich täglich zehnmal übermäßig laut »Guten Morgen« sagen. [...] Es ist nicht allein wertvoll, daß zwei Menschen einander erkennen, es ist von großer Wichtigkeit, daß sie einander zur rechten Zeit finden und mit einander tiefe und stille Feste feiern in denen sie zusammenwachsen in ihren Wünschen, um gegen Stürme geeint zu sein. Wieviele Menschen mögen schon an einander vorübergegangen sein, weil sie nicht Zeit fanden sich an einander zu gewöhnen; ehe zwei Menschen gemeinsam unglücklich sein dürfen, müssen sie zusammen selig gewesen sein und eine gemeinsame heilige Erinnerung haben, die verwandtes Lächeln auf ihre Lippen und verwandte Sehnsucht in ihren Seelen bewahrt. [...] Solche Menschen gehn durch alle Stürme gemeinsam.

Ich fühls!
Rainer.

Rilke an Lou Andreas-Salomé, 5.9.1897, RMR/LAS, 25-26

Lösch mir die Augen aus: ich kann Dich sehn
Wirf mir die Ohren zu: ich kann Dich hören
Und ohne Fuß noch kann ich zu Dir gehn
Und ohne Mund noch kann ich Dich beschwören.
Brich mir die Arme ab: ich fasse Dich

Mit meinem Herzen wie mit einer Hand
Reiß mir das Herz aus und mein Hirn wird schlagen
Und wirfst Du mir auch in mein Hirn den Brand
so will ich Dich auf meinem Blute tragen

Rilke an Lou Andreas-Salomé, RMR/LAS, 26

Du nur, einzig du *bist.*
Wir aber gehn hin, bis einmal
unsres Vergehens so viel ist,
daß du entstehst: Augenblick,
schöner, plötzlicher,
in der Liebe entsteht oder,
entzückt, in des Werkes Verkürzung.

Dein bin ich, dein; wieviel mir die Zeit auch
anhat.   Von dir zu dir
bin ich befohlen.   Dazwischen
hängt die Guirlande im Zufall, daß aber du sie
auf- und auf- und aufnimmst:
siehe: die Feste!

KA 2, 130

Siehe, ich wußte es sind
solche, die nie den gemeinsamen Gang
lernten zwischen den Menschen;
sondern der Aufgang in plötzlich
entatmete Himmel

war ihr Erstes. Der Flug
durch der Liebe Jahrtausende
ihr Nächstes, Unendliches.

Eh sie noch lächelten
weinten sie schon vor Freude;
eh sie noch weinten
war die Freude schon ewig.

Frage mich nicht
wie lange sie fühlten; wie lange
sah man sie noch? Denn unsichtbare sind
unsägliche Himmel
über der inneren Landschaft.

Eines ist Schicksal. Da werden die Menschen
sichtbarer. Stehn wie Türme. Verfalln.
Aber die Liebenden gehn
über der eignen Zerstörung
ewig hervor; denn aus dem Ewigen
ist kein Ausweg. Wer widerruft
Jubel?

KA 2, 117-118

LIEBESANFANG

O Lächeln, erstes Lächeln, unser Lächeln.
Wie war das Eines: Duft der Linden atmen,
Parkstille hören –, plötzlich in einander
aufschaun und staunen bis heran ans Lächeln.

In diesem Lächeln war Erinnerung
an einen Hasen, der da eben drüben
im Rasen spielte; dieses war die Kindheit
des Lächelns. Ernster schon war ihm des Schwanes
Bewegung eingegeben, den wir später
den Weiher teilen sahen in zwei Hälften
lautlosen Abends. – Und der Wipfel Ränder
gegen den reinen, freien, ganz schon künftig
nächtigen Himmel hatten diesem Lächeln
Ränder gezogen gegen die entzückte
Zukunft im Antlitz.

KA 2, 131-132

Schöne Aglaja, Freundin meiner Gefühle,
unser Frohsein erreichte den Lerchenschlag
oben im Morgen. Laß uns nicht fürchten die Kühle
abends nach unserm Sommertag.

Kurve der Liebe, laß sie uns zeichnen. Ihr Steigen
soll uns unendlich rühmlich sein.
Aber auch später, wenn sie sich neigt –: wie eigen.
Wie deine feine Braue so rein.

KA 2, 182

Comment fais-tu, beau melon, d'être si frais à l'intérieur, après
avoir eu tout ce soleil pour mûrir? Cela me rappelle l'amante
délicieuse qui avait des lèvres de source, même au plus fort
de l'été de l'amour.

(Wie machst du es, schöne Melone, so frisch zu sein im Innern,
nachdem du all diese Sonne gehabt hast, um zu reifen? Das er-
innert mich an die liebliche Liebende, die Lippen hatte wie eine
Quelle, sogar im Höchstsommer der Liebe.)

KA 5, 234 und 235

Laß uns Legenden der Liebe hören.
Zeig uns ihr kühnes köstliches Leid.
Wo sie im Recht war, war alles Beschwören,
hier ist das meiste verleugneter Eid.

KA 2, 284

Du im Voraus
verlorne Geliebte, Nimmergekommene,
nicht weiß ich, welche Töne dir lieb sind.
Nicht mehr versuch ich, dich, wenn das Kommende wogt,
zu erkennen. Alle die großen
Bilder in mir, im Fernen erfahrene Landschaft,
Städte und Türme und Brücken und un-
vermutete Wendung der Wege
und das Gewaltige jener von Göttern
einst durchwachsenen Länder:
steigt zur Bedeutung in mir
deiner, Entgehende, an.

Ach, die Gärten bist du,
ach, ich sah sie mit solcher

Hoffnung. Ein offenes Fenster
im Landhaus –, und tratest beinahe
mir nachdenklich heran. Gassen fand ich, –
du warst sie gerade gegangen,
und die Spiegel manchmal der Läden der Händler
waren noch schwindlich von dir und gaben erschrocken
mein zu plötzliches Bild. – Wer weiß, ob derselbe
Vogel nicht hinklang durch uns
gestern, einzeln, im Abend?

KA 2, 89-90

Ausgesetzt auf den Bergen des Herzens. Siehe, wie klein dort,
siehe: die letzte Ortschaft der Worte, und höher,
aber wie klein auch, noch ein letztes
Gehöft von Gefühl. Erkennst du's?
Ausgesetzt auf den Bergen des Herzens. Steingrund
unter den Händen. Hier blüht wohl
einiges auf; aus stummen Absturz
blüht ein unwissendes Kraut singend hervor.
Aber der Wissende? Ach, der zu wissen begann
und schweigt nun, ausgesetzt auf den Bergen des Herzens.
Da geht wohl, heilen Bewusstseins,
manches umher, Manches gesicherte Bergtier,
wechselt und weilt. Und der große geborgene Vogel
kreist um der Gipfel reiner Verweigerung. – Aber
ungeborgen, hier auf den Bergen des Herzens ....

KA 2, 115-116

Einmal noch kam zu dem Ausgesetzten,
der auf seines Herzens Bergen ringt,
Duft der Täler. Und der trank den letzten
Atem wie die Nacht die Winde trinkt.
Stand und trank den Duft, und trank und kniete
noch ein Mal
Über seinem steinigen Gebiete
war des Himmels atemloses Tal
ausgestürzt. Die Sternen pflücken nicht
Fülle, die die Menschenhände tragen,
schreiten schweigend, wie durch Hörensagen
durch ein weinendes Gesicht.

KA 2, 117

ZUEIGNUNG AN M ....
geschrieben am 6. und 8. November 1923
(als Arbeits-Anfang eines neuen Winters auf Muzot)

Schaukel des Herzens. O sichere, an welchem unsichtbaren
Aste befestigt. Wer, wer gab dir den Stoß,
daß du mit mir bis ins Laub schwangst.
Wie nahe war ich den Früchten, köstlichen. Aber nicht
    Bleiben
ist im Schwunge der Sinn. Nur das Nahesein, nur
am immer zu Hohen plötzlich das mögliche
Nahsein. Nachbarschaften und dann
von unaufhaltsam erschwungener Stelle
– wieder verlorener schon – der neue, der Ausblick.
Und jetzt: die befohlene Umkehr
zurück und hinüber hinaus in des Gleichgewichts Arme.

Unten, dazwischen, das Zögern, der irdische Zwang, der
   Durchgang
durch die Wende der Schwere –, vorbei: und es spannt sich die
   Schleuder,
von der Neugier des Herzens beschwert,
in das andere Gegenteil aufwärts.
Wieder wie anders, wie neu! Wie sich beide beneiden
an den Enden des Seils, diese Hälften der Lust.

Oder, wag ich es: Viertel? – Und rechne, weil er sich weigert,
jenen, den Halbkreis hinzu, der die Schaukel verstößt?
Nicht ertäusch ich ihn mir, als meiner hiesigen Schwünge
Spiegel. Errat nichts. Er sei
einmal neuer. Aber von Endpunkt zu Endpunkt
meines gewagten Schwungs nehm ich ihn schon in Besitz:
Überflüsse aus mir stürzen dorthin und erfülln ihn,
spannen ihn fast. Und mein eigner Abschied,
wenn die werfende Kraft an ihm abbricht,
macht ihn mir eigens vertraut.

KA 2, 294

Si j'avais assez su
de toutes les choses,
ton amour assidu
et qui m'impose,

m'eût donné beaucoup d'enfants.
J'aurais aimé à les entendre bruire
autour de moi, et de les instruire
m'eût été charmant.

Mais il faut que moi-même j'aprenne
les moyens d'obéir;
un jour, quand il faudra finir,
j'aurai commencé à peine.

(Wenn ich genug gewußt hätte von allen Dingen, hätte deine
beharrliche Liebe, die mich beeindruckt,

mir viele Kinder gegeben. Ich hätte sie gern um mich herum-
schwirren hören, und sie zu lehren, wäre mir köstlich gewesen.

Aber ich muß selbst die Möglichkeiten zu gehorchen erlernen;
eines Tages, wenn man wird aufhören müssen, werde ich kaum
begonnen haben.)

KA 5, 212, 214 und 213, 215

DÉPART

Mom amie, il faut que je parte.
Voulez-vous voir
l'endroit sur la carte?
C'est un point noir.

En moi, si la chose
bien me réussit,
ce sera un point rose
dans un vert pays.

(Abreise

Meine Freundin, ich muß weggehen. Wollen Sie den Ort sehen auf der Karte? Es ist ein schwarzer Punkt.

In mir, wenn mir die Sache gut gelingt, wird es ein rosa Punkt sein in einem grünen Land.)

KA 5, 214 und 215

Amie, oh mon Amie,

suis-je donc condamné à vous faire tant tant souffrir? Je vous en supplie, Merline, faites une petite trêve de douleur, regardez: c'est encore la vie, la même qui nous a portés sur les sommets de nos cœurs, vous ne pouvez pas l'accuser de cruauté sans lui reprocher en même temps d'avoir été tant généreuse. Merline, toute chère, toute chère –

Rilke an Baladine Klossowska, die er u. a. auch Merline nannte, 17. 9. 1920, RMR / Merline, 41

(Freundin, oh meine Freundin,

bin ich denn dazu verdammt, Ihnen so, so viel Leid zuzufügen? Ich bitte Sie, Merline, machen Sie eine kleine Schmerzens-Rast; sehen Sie: es ist noch immer das selbe Leben, das uns auf die Gipfel unserer Herzen führte, Sie können es keiner Grausamkeiten bezichtigen, ohne ihm gleichzeitig vorzuwerfen, so großzügig gewesen zu sein. Merline, so liebe, so liebe –

Übersetzung R. W.)

Sei allem Abschied voran, als wäre er hinter
dir, wie der Winter, der eben geht.
Denn unter Wintern ist einer so endlos Winter,
daß, überwinternd, dein Herz überhaupt übersteht.

Sei immer tot in Eurydike –, singender steige,
preisender steige zurück in den reinen Bezug.
Hier, unter den Schwindenden, sei, im Reiche der Neige,
sei ein klingendes Glas, das sich im Klang schon zerschlug.

Sei – und wisse zugleich des Nicht-Seins Bedingung,
den unendlichen Grund deiner innigen Schwingung,
daß du sie völlig vollziehst dieses einzige Mal.

Zu dem gebrauchten sowohl, wie zum dumpfen und stummen
Vorrat der vollen Natur, den unsäglichen Summen,
zähle dich jubelnd hinzu und vernichte die Zahl.

SaO (zweiter Teil, XIII Sonett), 47

ORPHEUS. EURYDIKE. HERMES

Das war der Seelen wunderliches Bergwerk.
Wie stille Silbererze gingen sie
als Adern durch sein Dunkel. Zwischen Wurzeln
entsprang das Blut, das fortgeht zu den Menschen,
und schwer wie Porphyr sah es aus im Dunkel.
Sonst war nichts Rotes.

Felsen waren da
und wesenlose Wälder. Brücken über Leeres

und jener große graue blinde Teich,
der über seinem fernen Grunde hing
wie Regenhimmel über einer Landschaft.
Und zwischen Wiesen, sanft und voller Langmut,
erschien des einen Weges blasser Streifen,
wie eine lange Bleiche hingelegt.

Und dieses einen Weges kamen sie.

Voran der schlanke Mann im blauen Mantel,
der stumm und ungeduldig vor sich aussah.
Ohne zu kauen fraß sein Schritt den Weg
in großen Bissen; seine Hände hingen
schwer und verschlossen aus dem Fall der Falten
und wußten nicht mehr von der leichten Leier,
die in die Linke eingewachsen war
wie Rosenranken in den Ast des Ölbaums.
Und seine Sinne waren wie entzweit:
indes der Blick ihm wie ein Hund vorauslief,
umkehrte, kam und immer wieder weit
und wartend an der nächsten Wendung stand, –
blieb sein Gehör wie ein Geruch zurück.
Manchmal erschien es ihm als reichte es
bis an das Gehen jener beiden andern,
die folgen sollten diesen ganzen Aufstieg.
Dann wieder wars nur seines Steigens Nachklang
und seines Mantels Wind was hinter ihm war.
Er aber sagte sich, sie kämen doch;
sagte es laut und hörte sich verhallen.
Sie kämen doch, nur wärens zwei
die furchtbar leise gingen. Dürfte er
sich einmal wenden (wäre das Zurückschaun
nicht die Zersetzung dieses ganzen Werkes

das erst vollbracht wird), müßte er sie sehen,
die beiden Leisen, die ihm schweigend nachgehn:

Den Gott des Ganges und der weiten Botschaft,
die Reisehaube über hellen Augen,
den schlanken Stab hertragend vor dem Leibe
und flügelschlagend an den Fußgelenken;
und seiner linken Hand gegeben: *sie.*

Die So-geliebte, daß aus einer Leier
mehr Klage kam als je aus Klagefrauen;
daß eine Welt aus Klage ward, in der
alles noch einmal da war: Wald und Tal
und Weg und Ortschaft, Feld und Fluß und Tier;
und daß um diese Klage-Welt, ganz so
wie um die andre Erde, eine Sonne
und ein gestirnter stiller Himmel ging,
ein Klage-Himmel mit entstellten Sternen –:
Diese So-geliebte.

Sie aber ging an jenes Gottes Hand,
den Schritt beschränkt von langen Leichenbändern,
unsicher, sanft und ohne Ungeduld.
Sie war in sich, wie Eine hoher Hoffnung,
und dachte nicht des Mannes, der voranging,
und nicht des Weges, der ins Leben aufstieg.
Sie war in sich. Und ihr Gestorbensein
erfüllte sie wie Fülle.
Wie eine Frucht von Süßigkeit und Dunkel,
so war sie voll von ihrem großen Tode,
der also neu war, daß sie nichts begriff.

Sie war in einem neuen Mädchentum
und unberührbar; ihr Geschlecht war zu
wie eine junge Blume gegen Abend,
und ihre Hände waren der Vermählung
so sehr entwöhnt, daß selbst des leichten Gottes
unendlich leise, leitende Berührung
sie kränkte wie zu sehr Vertraulichkeit.

Sie war schon nicht mehr diese blonde Frau,
die in des Dichters Liedern manchmal anklang,
nicht mehr des breiten Bettes Duft und Eiland
und jenes Mannes Eigentum nicht mehr.

Sie war schon aufgelöst wie langes Haar
und hingegeben wie gefallner Regen
und ausgeteilt wie hundertfacher Vorrat.

Sie war schon Wurzel.

Und als plötzlich jäh
der Gott sie anhielt und mit Schmerz im Ausruf
die Worte sprach: Er hat sich umgewendet –,
begriff sie nichts und sagte leise: *Wer?*

Fern aber, dunkel vor dem klaren Ausgang,
stand irgend jemand, dessen Angesicht
nicht zu erkennen war. Er stand und sah,
wie auf dem Streifen eines Wiesenpfades
mit trauervollem Blick der Gott der Botschaft
sich schweigend wandte, der Gestalt zu folgen,
die schon zurückging dieses selben Weges,
den Schritt beschränkt von langen Leichenbändern,
unsicher, sanft und ohne Ungeduld.

KA 1 (Neue Gedichte), 500-503

Oh Magda, ich glaube Dir, wenn ich Deine Briefe lese, rettendes Herz, was wärst Du denn sonst gekommen? Ein großer Theil meines Gemüths geht immer in Staunen auf. Was haben Thürme mich staunen gemacht, und immer wieder die Sterne und mein Leben selbst. Zu Dir staun ich nicht. In Dir mach ich meine Augen zu.

Wir wissen, wir lieben einander aus einer vorirdischen VorZeit, aus den Kindheiten vor allen Altern des Daseins, wie lieben einander aus dem Ur-Sein heraus, wie die Sterne einander lieben würden, wenn sie wüßten um ihre Herrlichkeit –, und nun begreif ichs auch, daß ich keine Gefühle zu Dir mochte aufregen als die meines unwillkürlichsten Kindseins, daß ich dort nach den reinsten Herzstrahlen suche, sie zu Dir aufzunehmen. Nach einer Kraft, Magda, nach einer unüberwindlichen Herzkraft, an der meine wirkliche Kraft zu Gott erst *werden* soll, denn die muss einmal am Menschlichen aufgebunden sein, sonst bricht sie hoch oben, wo ihr dann niemand mehr helfen kann und welkt in die Luft. Liebes liebes Mädchen, dass mir dies gegeben sei, Dich unendlich, Dich mühlos zu lieben. Dass mir in Deinen Händen wie ein alter Schmerz die Gewohnheit fortginge, dass Liebe *zu leisten* sei –, und ich sähe langsam auf zu Dir und wüsste gar nicht mehr, wo das eigentlich wehe that – was es war.

Rilke an Magda von Hattingberg, 18. 2. 1914, RMR / MvH, 122

Flutet mir in diese trübe Reise
Deines Herzens warme Bahn entgegen?
Nur noch Stunden und ich werde leise
meine Hände in die Deinen legen:
o wie lange ruhten sie nicht aus.

Kannst Du Dir denn denken, daß ich Jahre
so: ein Fremder unter Fremden fahre?
Und nun endlich nimmst Du mich nach Haus.

Siehst du, selbst um das Gestirn zu schauen,
brauchts ein kleines irdisches Beruhn,
denn Vertrauen kommt nur aus Vertrauen,
Alles Wohltun ist ein *Wieder* tun.
Ach die Nacht verlangte nichts von mir.
Doch wenn ich mich zu den Sternen kehrte,
der Versehrte an das Unversehrte:
Worauf stand ich? War ich hier?

Ach wie Wind durchging ich die Gesträuche,
jedem Haus entdrang ich wie ein Rauch,
wo sich andre freuten in Gebräuche
blieb ich strenge wie ein fremder Brauch.
Meine Hände gingen schreckhaft ein
in der andern schicksalsvolle Schließung;
Alle, alle *mehrte* die Ergießung:
und ich konnte nur *vergossen* sein

KA 2, 95

Oh wie fühl ich still zu dir hinüber,
oh wie gehen mir von deinem Bild
steigende Gefühle flutend über.
Ungeheuer ist mein Herz gewillt.

In dem Raume, den ich in mich schaute
aus dem Weltraum und dem Wind am Meer,

gehst du, unbegreiflich Vertraute,
wie sein eigenstes Geschöpf umher.

Nun erst schließ ich, ach nach wieviel Zeiten
meine Augen über mir, nun mag
keine Sehnsucht mehr mich überschreiten;
denn vollendeter wird Nacht und Tag.

Schau ich aber leise auf, so heilt
mir die Welt am milderen Gesichte –,
oh so war ja doch: daß ich verzichte,
allen Engeln noch nicht mitgeteilt.

KA 2, 95-96

Oh wie schälst du mein Herz aus den Schalen des Elends.
Was verriet dir im schlechten Gehäus den erhaltenen Kern?
Der süß wie Gestirn, weltsüß, mir im Inneren ansteht.
Ach, da ich litt, befiel ihn ein schläferndes Wachstum,
da mir das Leiden schweigend die Glieder zerbrach
schließ mir im Herzen ein Herz, ein künftiges, schuldlos.
Eines, oh sieh: noch weiß ich nicht welches, noch rat ichs,
dieses vermutete Herz. Ihm galten die Sterne
die ich dem trüberen gab. Oh sei ihm hinüber
durch meine bange Natur. Sei ihm verständigt. Erkenns.
Rufs. Du Erstaunende, rufs. Stell ihm ein kleines
Lächeln zunächst, daß es sich rührt von dem Schein;
neig ihm dein schönes Gesicht: den Raum des Erwachens
daß es es sich wundert in Dir und sich des Morgens gewöhnt.

KA 2, 96

Dich zu fühlen bin ich aus den leichten
Kreisen meiner Fühlungen gestiegen
und jetzt soll mich täglich im Erreichten
Trauer großer Nähe überwiegen,
dieses hülflos menschliche Gewicht.

KA 2, 97

Wo die Wurzeln ihrer Liebe ringen
in dem Dunkel alter Unterlagen,
bei den Sagen der Gefühle sind die
Liebenden, die wachsen, nie gewesen.

Stehen beide in dem einen Stamme,
in der Rinde ihres Loses. Heben
Leben in die Flamme. Geben
rein sich weiter in den eignen Wipfel.

O vermöchten sie, sich in dem leichten
obersten Gezweig zu scheiden scheinbar.
Hingereichten an den hergereichten
Himmeln ist die Trennung nicht mehr weinbar.

KA 2, 120

Ob auch die Stunden uns wieder entfernen:
wir sind immer beisammen im Traum
wie unter einem aufblühenden Baum.
Wir werden die Worte, die laut sind, verlernen

und von uns reden wie Sterne von Sternen, –
alle lauten Worte verlernen:
wie unter einem aufblühenden Baum.

SW III (Dir zur Feier), 174

Das Land ist licht und dunkel ist die Laube,
und du sprichst leise und ein Wunder naht.
Und jedes deiner Worte stellt mein Glaube
als Betbild auf an meinen stillen Pfad.

Ich liebe dich. Du liegst im Gartenstuhle,
und deine Hände schlafen weiß im Schooß.
Mein Leben ruht wie eine Silberspule
in ihrer Macht. Lös meinen Faden los.

SW III (Dir zur Feier), 177

Welt war in dem Antlitz der Geliebten –,
aber plötzlich ist sie ausgegossen:
Welt ist draußen, Welt ist nicht zu fassen.

Warum trank ich nicht, da ich es aufhob,
aus dem vollen, dem geliebten Antlitz
Welt, die nah war, duftend meinem Munde?

Ach, ich trank. Wie trank ich unerschöpflich.
Doch auch ich war angefüllt mit zuviel
Welt, und trinkend ging ich selber über.

KA 2, 370

EROS

Masken! Masken! Daß man Eros blende.
Wer erträgt sein strahlendes Gesicht,
wenn er wie die Sommersonnenwende
frühlingliches Vorspiel unterbricht.

Wie es unversehens im Geplauder
anders wird und ernsthaft ... Etwas schrie ...
Und er wirft den namenlosen Schauder
wie ein Tempelinnres über sie.

Oh verloren, plötzlich, oh verloren!
Göttliche umarmen schnell.
Leben wand sich, Schicksal ward geboren.
Und im Innern weint ein Quell.

KA 2, 314

ÉROS

I

Ô toi, centre du jeu
où l'on perd quand on gagne;
célèbre comme Charlemagne,
roi, empereur et Dieu, –

tu es aussi le mendiant
en pitoyable posture,
et c'est ta multiple figure
qui te rend puissant. –

Tout ceci serait pour le mieux;
mais tu es, *en nous* (c'est pire)
comme le noir milieu
d'un châle brodé de cachemire.

(O du, Zentrum des Spiels, wo man verliert, wenn man ge-
winnt; berühmt wie Karl der Große, König, Kaiser und Gott, –

du bist auch der Bettler in mitleiderregender Haltung, und es
ist deine vielfache Gestalt, die dich mächtig macht. –

All dies wäre zum besten; aber du bist *in uns* (das ist schlim-
mer) wie die schwarze Mitte eines bestickten Kaschmirschals.)
KA 5 (Vergers), 24 und 25

II
Ô faisons tout pour cacher son visage
d'un mouvement hagard et hasardeux,
il faut le reculer au fond des âges
pour adoucir son indomptable feu.

Il vient si près de nous qu'il nous sépare
de l'être bien-aimé dont il se sert;
il veut qu'on touche; c'est un dieu barbare
que des panthères frôlent au désert.

Entrant en nous avec son grand cortège,
il y veut tout illuminé, –
lui, qui après se sauve comme d'un piège,
sans qu'aux appâts il ait touché.

(O laßt uns alles tun, um sein Gesicht zu verbergen mit einer erschreckten und gewagten Bewegung, man muß ihn zurückdrängen in die Tiefe der Zeiten, um sein unbezähmbares Feuer zu mildern.

Er kommt uns so nahe, daß er uns trennt vom geliebten Wesen, dessen er sich bedient; er will, daß man berührt; er ist ein barbarischer Gott, um den die Panther streifen in der Wüste.

Eintretend in uns mit seinem großen Gefolge, will er dort alles hell erleuchtet, – er, der danach entkommt wie aus einer Falle, ohne daß er an die Köder gerührt hätte.)

KA 5 (Vergers), 26 und 27

III
Là, sous la treille, parmi le feuillage
il nous arrive de le deviner:
son front rustique d'enfant sauvage,
et son antique bouche mutilée …

La grappe devant lui devient pesante
et semble fatiguée de sa lourdeur,
un court moment on frôle l'épouvante
de cet heureux été trompeur.

Et son sourire cru, comme il l'infuse
à tous les fruits de son fier décor;
partout autour il reconnaît sa ruse
qui doucement le berce et l'endort.

(Dort, unter der Weinlaube, im Blattwerk geschieht es uns, daß wir ihn erahnen: seine bäuerische Stirn des wilden Kindes und seinen uralten versehrten Mund …

Vor ihm wird die Traube schwer und scheint müde von ihrem Gewicht, einen kurzen Augenblick streift man das Grauen dieses glücklichen trügerischen Sommers.

Und sein rohes Lächeln, wie er es einflößt allen Früchten seines stolzen Schmucks; überall ringsum erkennt er seine List wieder, die ihn sanft wiegt und einschläfert.)

KA 5 (Vergers), 26 und 27

IV
Ce n'est pas la justice qui tient la balance précise,
c'est toi, ô Dieu à l'envie indivise,
qui pèses nos torts,
et qui de deux cœurs qu'il meurtrit et triture
fais un immense cœur plus grand que nature,
qui voudrait encor

grandir … Toi, qui indifférent et superbe,
humilies la bouche et exaltes le verbe
vers un ciel ignorant …
Toi qui mutiles les êtres en les ajoutant
à l'ultime absence dont ils sont des fragments.

(Es ist nicht die Gerechtigkeit, die die Waage genau hält, du bist es, o Gott mit der ungeteilten Lust, der unsere Fehler wägt und der aus zwei Herzen, die er zerquetscht und zermalmt, ein riesiges Herz macht, größer als die Natur das noch würde wachsen wollen … Du, der du unbeteiligt und großartig den Mund demütigst und das Wort erhebst gegen einen unwissenden Himmel … Du, der du die Wesen verstümmelst, indem du sie der äußersten Abwesenheit hinzufügst, von der sie Bruchstücke sind.)

KA 5 (Vergers) 28 und 29

SONETT

O wenn ein Herz, längst wohnend im Entwöhnen,
von aller Kunft und Zuversicht getrennt,
erwacht und plötzlich hört, wie man es nennt:
»Du Überfluß, Du Fülle eines Schönen!«

Was soll es tun? Wie sich dem Glück versöhnen,
das endlich seine Hand und Wange kennt?
Schmerz zu verschweigen   war sein Element,
nun zwingt das Liebes-Staunen es, zu tönen.

Hier tönt ein Herz, das sich im Gram verschwieg,
und zweifelt, ob ihm dies zu Recht gebühre:
so reich zu sein in seiner Armut Sieg.

Wer *hat* denn Fülle? Wer verteilt das Meiste? –
Wer so verführt, daß er ganz weit verführe:
Denn auch der Leib ist leibhaft erst im Geiste.

KA 2, 163

Jetzt will ich Du sein. Und mein Herz brennt vor Deiner Gnade, wie die ewige Lampe vor dem Marienbild. Du.

Donnerstag früh. –

… ich möchte Purpurdecken spannen
Und füllen möcht' ich rings im Land
Mit Balsamöl aus goldnen Kannen
Die Blumenlampen bis zum Rand.

Sie sollen alle lange brennen,
Bis wir vom rothen Tage blind,
Uns in der blassen Nacht erkennen
Und uns're Seelen – Sterne sind.

Reiche, Du, Träume gibst Du meiner Nacht, Lieder meinem Morgen, Ziele meinem Tag und Sonnenwünsche meinem rothen Abend. Du gibst ohne Ende. Und ich kniee und halte die Arme auf um Deine Gnade zu empfangen. Reiche, Du! Ich bin Alles was Du willst. Und ich werde Sklave sein oder König, je nachdem Du zürnst oder lächelst. Aber das was mich sein macht – bist Du.
Das werd' ich Dir oft, oft sagen. Immer schlichter und einfacher wird mein Gestehen reifen. Und einmal bis ich Dirs ganz einfach sage, wirst Du's einfach verstehen, dann ist unser Sommer da. Und der reicht hinaus über alle Tage Deines

René. –

Heute kommst Du!?

Rilke an Lou Andreas-Salomé, 9. und 10. 6. 1897, RMR/LAS, 20-21

DIE LIEBENDE

Ja ich sehne mich nach dir. Ich gleite
mich verlierend selbst mir aus der Hand,
ohne Hoffnung, daß ich Das bestreite,
was zu mir kommt wie aus deiner Seite
ernst und unbeirrt und unverwandt.

... jene Zeiten: O wie war ich Eines,
nichts was rief und nichts was mich verriet;
meine Stille war wie eines Steines,
über den der Bach sein Murmeln zieht.

Aber jetzt in diesen Frühlingswochen
hat mich etwas langsam abgebrochen
von dem unbewußten dunkeln Jahr.
Etwas hat mein armes warmes Leben
irgendeinem in die Hand gegeben,
der nicht weiß was ich noch gestern war.

KA 1 (Das Buch der Bilder), 262

DIE BRAUT

Ruf mich, Geliebter, ruf mich laut!
Laß deine Braut nicht so lange am Fenster stehn.
In den alten Platanenalleen
wacht der Abend nicht mehr:
sie sind leer.

Und kommst du mich nicht in das nächtliche Haus
mit deiner Stimme verschließen,
so muß ich mich aus meinen Händen hinaus
in die Gärten des Dunkelblaus
ergießen ...

KA 1 (Das Buch der Bilder), 263

DIE STILLE

Hörst du, Geliebte, ich hebe die Hände –
hörst du: es rauscht ...
Welche Gebärde der Einsamen fände
sich nicht von vielen Dingen belauscht?
Hörst du, Geliebte, ich schließe die Lider,
und auch *das* ist Geräusch bis zu dir.
Hörst du, Geliebte, ich hebe sie wieder ...
... aber warum bist du nicht hier.

Der Abdruck meiner kleinsten Bewegung
bleibt in der seidenen Stille sichtbar;
unvernichtbar drückt die geringste Erregung
in den gespannten Vorhang der Ferne sich ein.
Auf meinen Atemzügen heben und senken
die Sterne sich.
Zu meinen Lippen kommen die Düfte zur Tränke,
und ich erkenne die Handgelenke
entfernter Engel.
Nur die ich denke: Dich
seh ich nicht.

KA 1 (Das Buch der Bilder), 263

MÄDCHENMELANCHOLIE

Mir fällt ein junger Ritter ein
fast wie ein alter Spruch.

Der kam. So kommt manchmal im Hain
der große Sturm und hüllt dich ein.
Der ging. So läßt das Benedein
der großen Glocken dich allein
oft mitten im Gebet ...
Dann willst du in die Stille schrein,
und weinst doch nur ganz leis hinein
tief in dein kühles Tuch.

Mir fällt ein junger Ritter ein,
der weit in Waffen geht.

Sein Lächeln war so weich und fein:
wie Glanz auf altem Elfenbein,
wie Heimweh, wie ein Weihnachtsschein
im dunkeln Dorf, wie Türkisstein
um den sich lauter Perlen reihn,
wie Mondenschein
auf einem lieben Buch.

KA 1 (Das Buch der Bilder), 259

VON DEN MÄDCHEN

I

Andere müssen auf langen Wegen
zu den dunklen Dichtern gehn;
fragen immer irgendwen,
ob er nicht einen hat singen sehn,
oder Hände auf Saiten legen.
Nur die Mädchen fragen nicht,
welche Brücke zu Bildern führe;
lächeln nur, lichter als Perlenschnüre,
die man an Schalen von Silber hält.

Aus ihrem Leben geht jede Türe
in einen Dichter und in eine Welt.

KA 1 (Das Buch der Bilder), 259-260

II

Mädchen, Dichter sind, die von euch lernen
das zu *sagen*, was ihr einsam *seid*;
und sie lernen leben an euch Fernen,
wie die Abende an großen Sternen
sich gewöhnen an die Ewigkeit.

Keine darf sich je dem Dichter schenken,
wenn sein Auge auch um Frauen bat;
denn er kann euch nur als Mädchen denken:
das Gefühl in euren Handgelenken
würde brechen von Brokat.

Laßt ihn einsam sein in seinem Garten,
wo er euch wie Ewige empfing
auf den Wegen, die er täglich ging,
bei den Bänken, welche schattig warten,
und im Zimmer, wo die Laute hing.

Geht! … es dunkelt. Seine Sinne suchen
eure Stimme und Gestalt nicht mehr.
Und die Wege liebt er lang und leer
und kein Weißes unter dunklen Buchen, –
und die stumme Stube liebt er sehr.
… Eure Stimmen hört er ferne gehn
(unter Menschen, die er müde meidet)
und: sein zärtliches Gedenken leidet
im Gefühle, daß euch viele sehn.

KA 1 (Das Buch der Bilder), 260

GRIECHISCHES LIEBESGESPRÄCH

Was ich schon früh als Geliebter erlernte
seh ich dich zürnend, Geliebte, erlernen;
damals war es dir das Entfernte,
jetzt steht in allen Sternen dein Los.

Um deine Brüste werden wir streiten:
seit sie wie glühend beschienen reifen,
wollen auch deine Hände nach ihnen
greifen und sich Freude bereiten.

KA 1, 405

Sag weißt du Liebesnächte? Treiben nicht
auf deinem Blut Kelchblätter weicher Worte?
Sind nicht an deinem lieben Leibe Orte,
die sich entsinnen wie ein Angesicht?

KA 1, 433

Es liebt ein Herz, daß es die *Welt* uns rühme,
nicht sich, nicht den Geliebten, denn: wer wars?
Ein Anonymes preist das Anonyme,
wie Vogelaufruf das Gefühl des Jahrs ...

KA 2, 166

DIE LIEBENDEN

Sieh, wie sie zu einander erwachsen:
in ihren Adern wird alles Geist.
Ihre Gestalten beben wie Achsen,
um die es heiß und hinreißend kreist.
Dürstende, und sie bekommen zu trinken,
Wache und sieh: sie bekommen zu sehn.
Laß sie ineinander sinken,
um einander zu überstehn.

KA 1, 410

DIE GETRENNTEN

Mehr als Verlorene, mir mehr als tot, –
Verwandelte in einen andern Namen,
den ich nicht weiß, der mir nicht einmal droht:
wann war es, daß mir keine Worte kamen
und daß ein Lähmen mir verbot,
dich anzurufen, da du zu mir zergingst,
die du mich manchmal jetzt, als immer Ferne,
zu dir hinan, so wie zu einem Sterne,
den ich nie sehen werde, ziehst und zwingst.

Wer bist du jetzt in deiner fremden Ehe,
aus der du vielleicht nie hinübersiehst?
Wir haben eins gemeinsam: ich geschehe
in meiner Einsamkeit, und du geschiehst –

Mehr weiß ich nicht von keinem von uns beiden.
Und dennoch ist vielleicht ein Engel, der
es jetzt noch schwer hat, uns zu unterscheiden.
Er aber wird auch wissen, ob wir leiden.

KA 1, 400

Als die großen Liebenden, deren Briefe nicht vergehen, He-
loïse und die Portugiesin, über die Abkehr und Umwandlung
ihrer Liebhaber in Klagen ausbrachen, wußten sie nicht, wie
sehr ihr elementisches Gefühl schon über jenen Gegenstand
hinausgewachsen war. Nicht einmal der neue, unendlich fähi-
ge Bräutigam ihrer Einsamkeit vermochte (so scheint es) die
Ströme ihrer Liebe zu fassen. Sie stürzten über ihn fort ins

Hoffnungslose, in den Abgrund dessen, was verloren war, und gingen unter der Erde weiter. Wäre es möglich gewesen, diese Liebe, die zu viel war für einen, abzulenken und in einem System von Kanälen zu den Dingen zu führen, so wären jene Gedichte entstanden, an deren Rand die Briefe überall heranreichen; denn es ist nur ein Schritt von der Hingabe der Liebenden zum Hingegebensein des lyrischen Dichters.

KA 4 (Die Bücher einer Liebenden), 647

Profond amour qui de la terre s'élève

(Tiefe Liebe, die sich von der Erde erhebt)

KA 5, 224 und 225

In einer gewissen Zeit, da ich mich mit arabischen Gedichten zu beschäftigen begann, an deren Entstehung die fünf Sinne einen gleichzeitigeren und gleichmäßigeren Anteil zu haben scheinen, fiel es mir zuerst auf, wie ungleich und einzeln der jetzige europäische Dichter sich dieser Zuträger bedient, von denen fast nur der eine, das Gesicht, mit Welt überladen, ihn beständig überwältigt; wie gering ist dagegen schon der Beitrag, den das unaufmerksame Gehör ihm zuflößt, gar nicht zu reden von der Teilnahmslosigkeit der übrigen Sinne, die nur abseits und mit vielen Unterbrechungen in ihren nützlich eingeschränkten Gebieten sich betätigen. Und doch kann das vollendete Gedicht nur unter der Bedingung entstehen, daß die mit fünf Hebeln gleichzeitig angegriffene Welt unter einem bestimmten Aspekt auf jener übernatürlichen Ebene erscheine, die eben die des Gedichtes ist.

Eine Frau, der solches in einem Gespräche vorgetragen wurde, rief aus, diese wunderbare, zugleich einsetzende Befähigung und Leistung aller Sinne sei doch nichts anderes, als Geistesgegenwart und Gnade der Liebe, – und sie legte damit (nebenbei) ein eigenes Zeugnis ein für die sublime Wirklichkeit des Gedichts. Aber eben deshalb ist der Liebende in so großartiger Gefahr, weil er auf das Zusammenwirken seiner Sinne angewiesen ist, von denen er doch weiß, daß sie nur in jener einzigen gewagten Mitte sich treffen, in der sie, alle Breite aufgebend, zusammenlaufen und in der kein Bestand ist.

Indem ich mich so ausdrücke, habe ich schon die Zeichnung vor mir, deren ich mich, als eines angenehmen Behelfes, jedesmal bediente, sooft ähnliche Erwägungen sich aufdrängten. Stellt man sich das gesamte Erfahrungsbereich der Welt, auch seine uns übertreffenden Gebiete, in einem vollen Kreise dar, so wird es sofort augenscheinlich, um wieviel größer die schwarzen Sektoren sind, die das uns Unerfahrbare bezeichnen, gemessen an den ungleichen lichten Ausschnitten, die den Scheinwerfern der Sensualität entsprechen.

Nun ist die Lage des Liebenden die, daß er sich unversehens in die Mitte des Kreises gestellt fühlt, dorthin also, wo das Bekannte und das Unerfaßliche in einem einzigen Punkte zusammendringt, vollzählig wird und Besitz schlechthin, allerdings unter Aufhebung aller Einzelheit. Dem Dichter wäre mit dieser Versetzung nicht gedient, ihm muß das vielfältig Einzelne gegenwärtig bleiben, er ist angehalten, die Sinnes-Ausschnitte ihrer Breite nach zu gebrauchen, und so muß er auch wünschen, jeden einzelnen so weit als möglich auszudehnen, damit einmal seiner geschürzten Entzückung der Sprung durch die fünf Gärten in einem Atem gelänge.

Beruht die Gefahr des Liebenden in der Unausgedehntheit sei-

nes Standpunkts, so ist es jene des Dichters, der Abgründe ge-
wahr zu werden, die die eine Ordnung der Sinnlichkeit von der
anderen scheiden: in der Tat, sie sind weit und saugend genug,
um den größeren Teil der Welt – und wer weiß, wieviel Wel-
ten – an uns vorbei hinwegzureißen.

KA 4, (Ur-Geräusch), 702-704

ANKUNFT

In einer Rose steht dein Bett, Geliebte. Dich selber
(oh ich Schwimmer wider die Strömung des Dufts)
hab ich verloren. So wie dem Leben zuvor
diese (von außen nicht meßbar) dreimal drei Monate sind,
so, nach innen geschlagen, werd ich erst *sein*. Auf einmal,
zwei Jahrtausende vor jenem neuen Geschöpf,
das wir genießen, wenn die Berührung beginnt,
plötzlich: gegen dir über, werd ich im Auge geboren.

KA 2, 404

Sieh, ich bin nicht, aber wenn ich wäre,
wäre ich die Mitte im Gedicht;
das Genaue, dem das ungefähre,
ungefühlte Leben widerspricht.

Sieh, ich bin nicht. Denn die Andern sind;
während sie sich zu einander kehren
blind und im vergeßlichen Begehren –,

tret ich leise in den leeren
Hund und in das volle Kind.

Wenn ich mich in ihnen tief verkläre,
scheint durch sie mein reiner Schein …
Aber plötzlich gehn sie wieder ein:
denn ich bin nicht. (Liebe, daß ich wäre –)

KA 2, 123

ELEGIE
an Marina Zwetajewa-Efron

O die Verluste ins All, Marina, die stürzenden Sterne!
Wir vermehren es nicht, wohin wir uns werfen, zu welchem
Sterne hinzu! Im Ganzen ist immer schon alles gezählt.
So auch, wer fällt, vermindert die heilige Zahl nicht.
Jeder verzichtende Sturz stürzt in den Ursprung und heilt.
Wäre denn alles ein Spiel, Wechsel des Gleichen,
      Verschiebung,
nirgends ein Name und kaum irgendwo heimisch Gewinn?
Wellen, Marina, wir Meer! Tiefen, Marina, wir Himmel.
Erde, Marina, wir Erde, wir tausendmal Frühling, wie
      Lerchen,
die ein ausbrechendes Lied in die Unsichtbarkeit wirft.
Wir beginnens als Jubel, schon übertrifft es uns völlig;
plötzlich, unser Gewicht dreht zur Klage abwärts den Sang.
Aber auch so: Klage? Wäre sie nicht: jüngerer Jubel nach
      unten.
Auch die unteren Götter wollen gelobt sein, Marina.
So unschuldig sind Götter, sie warten auf Lob wie die Schüler.

Loben, du Liebe, laß uns verschwenden mit Lob.
Nichts gehört uns. Wir legen ein wenig die Hand um die Hälse
ungebrochener Blumen. Ich sah es am Nil in Kôm-Ombo.
So, Marina, die Spende, selber verzichtend, opfern die Könige.
Wie die Engel gehen und die Türen bezeichnen jener zu
    Rettenden,
also rühren wir dieses und dies, scheinbar Zärtliche, an.
Ach wie weit schon Entrückte, ach, wie Zerstreute, Marina,
auch noch beim innigsten Vorwand. Zeichengeber, sonst
    nichts.
Dieses leise Geschäft, wo es der Unsrigen einer
nicht mehr erträgt und sich zum Zugriff entschließt,
rächt sich und tötet. Denn daß es tödliche Macht hat,
merkten wir alle an seiner Verhaltung und Zartheit
und an der seltsamen Kraft, die uns aus Lebenden zu
Überlebenden macht. Nicht-Sein. Weißt du's, wie oft
trug uns ein blinder Befehl durch den eisigen Vorraum
neuer Geburt .... Trug: *uns*? Einen Körper aus Augen
unter zahllosen Lidern sich weigernd. Trug das in uns
niedergeworfene Herz eines ganzen Geschlechts. An ein
    Zugvogelziel
trug er die Gruppe, das Bild unserer schwebenden Wandlung.
Liebende dürften, Marina, dürften soviel nicht
von dem Untergang wissen. Müssen wie neu sein.
Erst ihr Grab ist alt, erst ihr Grab besinnt sich, verdunkelt
unter dem schluchzenden Baum, besinnt sich auf Jeher.
Erst ihr Grab bricht ein; sie selber sind biegsam wie Ruten;
was übermäßig sie biegt, ründet sie reichlich zum Kranz.
Wie sie verwehen im Maiwind! Von der Mitte des Immer,
drin du atmest und ahnst, schließt sie der Augenblick aus.
(O wie begreif ich dich, weibliche Blüte am gleichen
unvergänglichen Strauch. Wie streu ich mich stark in die
    Nachtluft,

die dich nächstens bestreift.) Frühe erlernten die Götter
Hälften zu heucheln. Wir in das Kreisen bezogen
füllten zum Ganzen uns an wie die Scheibe des Monds.
Auch in abnehmender Frist, auch in den Wochen der
    Wendung
niemand verhülfe uns je wieder zum Vollsein, als der
einsame eigene Gang über der schlaflosen Landschaft.

KA 2, 405-406

Warum Menschen, die sich lieb haben, voneinandergehen, eh
es nötig ist? – ja: vielleicht, weil diese Notwendigkeit jeden Au-
genblick heraustreten und fordern kann. Weil es doch etwas so
sehr Vorläufiges ist: beisammen zu sein und sich lieb zu haben.
Weil dahinter doch in jedem – oft eingestanden, oft verleug-
net – die merkwürdige Gewißheit wartet, daß alles, was über
ein schönes, in seinem Wesen fortschrittloses Mittelmaß hin-
ausreicht, doch völlig allein, als von einem unendlich Einzel-
nen (fast Einzigen) wird empfangen, ertragen und bewältigt
sein müssen. [...] Macht es Sie bestürzt, daß ich das alles so
hinschreiben kann, wie einer, der einen Satz in einer fremden
Sprache abschreibt, ohne zu wissen, was Schmerzlichstes er
bedeutet? Das ist, weil diese furchtbare Wahrheit wahrschein-
lich zugleich auch unsere fruchtbarste und seligste ist. Wenn
man oft mit ihr umgeht, so verliert sie zwar nichts von ihrer
harten Erhabenheit (und legte man sich weinend um sie, –
man erwärmte und erweichte sie nicht); aber das Vertrauen
zu ihrer Strenge und Schwere nimmt täglich zu, und auf ein-
mal meint man, wie durch klare Tränen, die ferne Einsicht
zu ahnen, daß man selbst als ein Liebender das Alleinsein nö-
tig hat, daß einem Weh, aber nicht Unrecht geschieht, wenn es

einen mitten in einem zu einem geliebten Menschen hinstürzenden Gefühl überfällt und einschließt: ja, daß man sogar dieses scheinbar Gemeinsamste, das die Liebe ist, nur allein, abgetrennt, ganz ausentwickeln und gewissermaßen vollenden kann; schon deshalb, weil man im Zusammenschluß starker Neigungen eine Strömung von Genuß erzeugt, die einen hinreißt und schließlich irgendwo auswirft; während dem in seinem Gefühl Eingeschlossenen die Liebe zu einer täglichen Arbeit wird an sich selbst und zu einem fortwährenden Aufstellen kühner und großmutiger Anforderungen an den anderen. Wesen, die einander so lieben, rufen unendliche Gefahren um sich auf, aber sie sind sicher vor den kleinen Gefährlichkeiten, die so viele große Gefühlsanfänge ausgefranst und zerbröckelt haben. Da sie einander immerfort das Äußerste wünschen und zumuten mögen, kann keiner dem anderen durch Beschränkungen unrecht tun; im Gegenteil, sie erzeugen sich gegenseitig unaufhörlich Raum und Weite und Freiheit, genau wie der Gottliebende für Gott zu allen Zeiten Fülle, Vollmacht aus seinem Herzen ausgeworfen und in den Tiefen des Himmels gegründet hat. [...]
Messen Sie doch aber nun an dieser Liebe, an ihrer Großartigkeit und ihrem Ertrag durch die Zeiten hin jeden Liebesversuch, der weniger einsam, weniger verzweifelt, wenn Sie wollen, – der befriedigter war: so werden Sie (nicht mehr erschrocken, nein, unbeschreiblich zustimmend, in glücklichen Schrecken höchstens) zugeben, daß auch zwischen Menschen nur diese gewaltigste Liebe recht hat, die einzige, die diesen Namen verdient. Ist – hier endlich schließt sich mein Kreis – die Ahnung solcher Einsicht nicht vielleicht die Ursache, warum Menschen, die sich lieb haben, voneinander gehen –?

Rilke an Elisabeth Freiin Schenk zu Schweinsberg, 4.11.1909, Briefe 1, 250-252

Es war in dem Jahr nach Mamans Tode, daß ich Abelone zuerst bemerkte. Abelone war immer da. Das tat ihr großen Eintrag. Und dann war Abelone unsympathisch, das hatte ich ganz früher einmal bei irgendeinem Anlaß festgestellt, und es war nie zu einer ernstlichen Durchsicht dieser Meinung gekommen. Zu fragen, was es mit Abelone für eine Bewandtnis habe, das wäre mir bis dahin beinah lächerlich erschienen. Abelone war da, und man nutzte sie ab, wie man eben konnte. Aber auf einmal fragte ich mich: Warum ist Abelone da? Jeder bei uns hatte einen bestimmten Sinn da zu sein, wenn er auch keineswegs immer so augenscheinlich war, wie zum Beispiel die Anwendung des Fräuleins Oxe. Aber weshalb war Abelone da? Eine Zeitlang war davon die Rede gewesen, daß sie sich zerstreuen solle. Aber das geriet in Vergessenheit. Niemand trug etwas zu Abelonens Zerstreuung bei. Es machte durchaus nicht den Eindruck, daß sie sich zerstreue.

Übrigens hatte Abelone ein Gutes: sie sang. Das heißt, es gab Zeiten, wo sie sang. Es war eine starke, unbeirrbare Musik in ihr. Wenn es wahr ist, daß die Engel männlich sind, so kann man wohl sagen, daß etwas Männliches in ihrer Stimme war: eine strahlende, himmlische Männlichkeit. Ich, der ich schon als Kind der Musik gegenüber so mißtrauisch war (nicht, weil sie mich stärker als alles forthob aus mir, sondern, weil ich gemerkt hatte, daß sie mich nicht wieder dort ablegte, wo sie mich gefunden hatte, sondern tiefer, irgendwo ganz ins Unfertige hinein), ich ertrug diese Musik, auf der man aufrecht aufwärtssteigen konnte, höher und höher, bis man meinte, dies müßte ungefähr schon der Himmel sein seit einer Weile. Ich ahnte nicht, daß Abelone mir noch andere Himmel öffnen sollte.

Zunächst bestand unsere Beziehung darin, daß sie mir von Mamans Mädchenzeit erzählte. Sie hielt viel darauf, mich zu überzeugen, wie mutig und jung Maman gewesen wäre. Es gab damals niemanden nach ihrer Versicherung, der sich im Tanzen oder im Reiten mit ihr messen konnte. »Sie war die Kühnste und unermüdlich, und dann heiratete sie auf einmal«, sagte Abelone, immer noch erstaunt nach so vielen Jahren. »Es kam so unerwartet, niemand konnte es recht begreifen.«

Ich interessierte mich dafür, weshalb Abelone nicht geheiratet hatte. Sie kam mir alt vor verhältnismäßig, und daß sie es noch könnte, daran dachte ich nicht.

»Es war niemand da«, antwortete sie einfach und wurde richtig schön dabei. Ist Abelone schön? fragte ich mich überrascht. Dann kam ich fort von Hause, auf die Adels-Akademie, und es begann eine widerliche und arge Zeit. Aber wenn ich dort zu Sorö, abseits von den andern, im Fenster stand, und sie ließen mich ein wenig in Ruh, so sah ich hinaus in die Bäume, und in solchen Augenblicken und nachts wuchs in mir die Sicherheit, daß Abelone schön sei. Und ich fing an, ihr alle jene Briefe zu schreiben, lange und kurze, viele heimliche Briefe, darin ich von Ulsgaard zu handeln meinte und davon, daß ich unglücklich sei. Aber es werden doch wohl, so wie ich es jetzt sehe, Liebesbriefe gewesen sein. Denn schließlich kamen die Ferien, die erst gar nicht kommen wollten, und da war es wie auf Verabredung, daß wir uns nicht vor den anderen wiedersahen.

Es war durchaus nichts vereinbart zwischen uns, aber da der Wagen einbog in den Park, konnte ich es nicht lassen, auszusteigen, vielleicht nur, weil ich nicht anfahren wollte, wie irgendein Fremder. Es war schon voller Sommer. Ich lief in einen der Wege hinein und auf einen Goldregen zu. Und da war Abelone. Schöne, schöne Abelone.

Ich wills nie vergessen, wie das war, wenn du mich anschautest. Wie du dein Schauen trugst, gleichsam wie etwas nicht Befestigtes es aufhaltend auf zurückgeneigtem Gesicht.

Ach, ob das Klima sich gar nicht verändert hat? Ob es nicht milder geworden ist um Ulsgaard herum von all unserer Wärme? Ob einzelne Rosen nicht länger blühen jetzt im Park, bis in den Dezember hinein?

Ich will nichts erzählen von dir, Abelone. Nicht deshalb, weil
wir einander täuschten: weil du Einen liebtest, auch damals,
den du nie vergessen hast, Liebende, und ich: alle Frauen; son-
dern weil mit dem Sagen nur unrecht geschieht.

KA 3 (Die Aufzeichnungen des Malte Laurids Brigge), 542-544

Nun sind auch die Teppiche der Dame à la Licorne nicht mehr
in dem alten Schloß von Boussac. Die Zeit ist da, wo alles aus
den Häusern fortkommt, sie können nichts mehr behalten. Die
Gefahr ist sicherer geworden als die Sicherheit. Niemand aus
dem Geschlecht der Delle Viste geht neben einem her und hat
das im Blut. Sie sind alle vorbei. Niemand spricht deinen Na-
men aus, Pierre d'Aubusson, großer Großmeister aus uraltem
Hause, auf dessen Willen hin vielleicht diese Bilder gewebt
wurden, die alles preisen und nichts preisgeben. (Ach, daß die
Dichter je anders von Frauen geschrieben haben, wörtlicher,
wie sie meinten. Es ist sicher, wir durften nichts wissen als
das.) Nun kommt man zufällig davor unter Zufälligen und er-
schrickt fast, nicht geladen zu sein. Aber da sind andere und
gehen vorüber, wenn es auch nie viele sind. Die jungen Leute
halten sich kaum auf, es sei denn, daß das irgendwie in ihr Fach
gehört, diese Dinge einmal gesehen zu haben, auf die oder jene
bestimmte Eigenschaft hin.

Junge Mädchen allerdings findet man zuweilen davor. Denn es
giebt eine Menge junger Mädchen in den Museen, die fortge-
gangen sind irgendwo aus den Häusern, die nichts mehr behal-
ten. Sie finden sich vor diesen Teppichen und vergessen sich
ein wenig. Sie haben immer gefühlt, daß es dies gegeben hat,
solch ein leises Leben langsamer, nie ganz aufgeklärter Gebär-
den, und sie erinnern sich dunkel, daß sie sogar eine Zeitlang

meinten, es würde ihr Leben sein. Aber dann ziehen sie rasch ein Heft hervor und beginnen zu zeichnen, gleichviel was, eine von den Blumen oder ein kleines, vergnügtes Tier. Darauf käme es nicht an, hat man ihnen vorgesagt, was es gerade wäre. Und darauf kommt es wirklich nicht an. Nur daß gezeichnet wird, das ist die Hauptsache; denn dazu sind sie fortgegangen eines Tages, ziemlich gewaltsam. Sie sind aus guter Familie. Aber wenn sie jetzt beim Zeichnen die Arme heben, so ergiebt sich, daß ihr Kleid hinten nicht zugeknöpft ist oder doch nicht ganz. Es sind da ein paar Knöpfe, die man nicht erreichen kann. Denn als dieses Kleid gemacht wurde, war noch nicht davon die Rede gewesen, daß sie plötzlich allein weggehen würden. In der Familie ist immer jemand für solche Knöpfe. Aber hier, lieber Gott, wer sollte sich damit abgeben in einer so großen Stadt. Man müßte schon eine Freundin haben; Freundinnen sind aber in derselben Lage, und da kommt es doch daraufhinaus, daß man sich gegenseitig die Kleider schließt. Das ist lächerlich und erinnert an die Familie, an die man nicht erinnert sein will.

Es läßt sich ja nicht vermeiden, daß man während des Zeichnens zuweilen überlegt, ob es nicht doch möglich gewesen wäre zu bleiben. Wenn man hätte fromm sein können, herzhaft fromm im gleichen Tempo mit den andern. Aber das nahm sich so unsinnig aus, das gemeinsam zu versuchen. Der Weg ist irgendwie enger geworden: Familien können nicht mehr zu Gott. Es blieben also nur verschiedene andere Dinge, die man zur Not teilen konnte. Da kam dann aber, wenn man ehrlich teilte, so wenig auf den einzelnen, daß es eine Schande war. Und betrog man beim Teilen, so entstanden Auseinandersetzungen. Nein, es ist wirklich besser zu zeichnen, gleichviel was. Mit der Zeit stellt sich die Ähnlichkeit schon ein. Und die Kunst, wenn man sie so allmählich hat, ist doch etwas recht Beneidenswertes.

Und über der angestrengten Beschäftigung mit dem, was sie sich vorgenommen haben, diese jungen Mädchen, kommen sie nicht mehr dazu, aufzusehen. Sie merken nicht, wie sie bei allem Zeichnen doch nichts tun, als das unabänderliche Leben in sich unterdrücken, das in diesen gewebten Bildern strahlend vor ihnen aufgeschlagen ist in seiner unendlichen Unsäglichkeit. Sie wollen es nicht glauben. Jetzt, da so vieles anders wird, wollen sie sich verändern. Sie sind ganz nahe daran, sich aufzugeben und *so* von sich zu denken, wie Männer etwa von ihnen reden könnten, wenn sie nicht da sind. Das scheint ihnen ihr Fortschritt. Sie sind fast schon überzeugt, daß man einen Genuß sucht und wieder einen und einen noch stärkeren Genuß: daß darin das Leben besteht, wenn man es nicht auf eine albere Art verlieren will. Sie haben schon angefangen, sich umzusehen, zu suchen; sie, deren Stärke immer darin bestanden hat, gefunden zu werden.

Das kommt, glaube ich, weil sie müde sind. Sie haben Jahrhunderte lang die ganze Liebe geleistet, sie haben immer den vollen Dialog gespielt, beide Teile. Denn der Mann hat nur nachgesprochen und schlecht. Und hat ihnen das Erlernen schwer gemacht mit seiner Zerstreutheit, mit seiner Nachlässigkeit, mit seiner Eifersucht, die auch eine Art Nachlässigkeit war. Und sie haben trotzdem ausgeharrt Tag und Nacht und haben zugenommen an Liebe und Elend. Und aus ihnen sind, unter dem Druck endloser Nöte, die gewaltigen Liebenden hervorgegangen, die, während sie ihn riefen, den Mann überstanden; die über ihn hinauswuchsen, wenn er nicht wiederkam, wie Gaspara Stampa oder wie die Portugiesin, die nicht abließen, bis ihre Qual umschlug in eine herbe, eisige Herrlichkeit, die nicht mehr zu halten war. Wir wissen von der und der, weil Briefe da sind, die wie durch ein Wunder sich erhielten, oder Bücher mit anklagenden oder klagenden Gedichten, oder Bilder, die uns anschauen in einer Galerie durch ein Weinen durch, das dem Maler gelang, weil er nicht wußte, was es war. Aber es sind ihrer zahllos mehr gewesen; solche, die ihre Briefe verbrannt haben, und andere, die keine Kraft mehr hatten, sie zu schreiben. Greisinnen, die verhärtet waren, mit einem Kern von Köstlichkeit in sich, den sie verbargen. Formlose, stark gewordene Frauen, die, stark geworden aus Erschöpfung, sich ihren Männern ähnlich werden ließen und die doch innen ganz anders waren, dort, wo ihre Liebe gearbeitet hatte, im Dunkel. Gebärende, die nie gebären wollten, und wenn sie endlich starben an der achten Geburt, so hatten sie die Gesten und das Leichte von Mädchen, die sich auf die Liebe freuen. Und die, die blieben neben Tobenden und Trinkern, weil sie das Mittel gefunden hatten, in sich so weit von ihnen zu sein wie nirgend sonst; und kamen sie unter die Leute, so konnten sie nicht verhalten und schimmerten, als gingen sie immer mit Seligen um. Wer kann sagen, wie viele es waren und welche. Es ist, als hätten sie im voraus die Worte vernichtet, mit denen man sie fassen könnte.

KA 3 (Die Aufzeichnungen des Malte Laurids Brigge), 547-550

Aber nun, da so vieles anders wird, ist es nicht an uns, uns zu verändern? Könnten wir nicht versuchen, uns ein wenig zu entwickeln, und unseren Anteil Arbeit in der Liebe langsam auf uns nehmen nach und nach? Man hat uns alle ihre Mühsal erspart, und so ist sie uns unter die Zerstreuungen geglitten, wie in eines Kindes Spiellade manchmal ein Stück echter Spitze fällt und freut und nicht mehr freut und endlich daliegt unter Zerbrochenem und Auseinandergenommenem, schlechter als alles. Wir sind verdorben vom leichten Genuß wie alle Dilettanten und stehen im Geruch der Meisterschaft. Wie aber, wenn wir unsere Erfolge verachteten, wie, wenn wir ganz von vorne begännen die Arbeit der Liebe zu lernen, die immer für uns getan worden ist? Wie, wenn wir hingingen und Anfänger würden, nun, da sich vieles verändert.

KA 3 (Die Aufzeichnungen des Malte Laurids Brigge), 550

Das Schicksal liebt es, Muster und Figuren zu erfinden. Seine Schwierigkeit beruht im Komplizierten. Das Leben selbst aber ist schwer aus Einfachheit. Es hat nur ein paar Dinge von uns nicht angemessener Größe. Der Heilige, indem er das Schicksal ablehnt, wählt diese, Gott gegenüber. Daß aber die Frau, ihrer Natur nach, in Bezug auf den Mann die gleiche Wahl treffen muß, ruft das Verhängnis aller Liebesbeziehungen herauf: entschlossen und schicksalslos, wie eine Ewige, steht sie neben ihm, der sich verwandelt. Immer übertrifft die Liebende den Geliebten, weil das Leben größer ist als das Schicksal. Ihre Hingabe will unermeßlich sein: dies ist ihr Glück. Das namenlose Leid ihrer Liebe aber ist immer dieses gewesen: daß von ihr verlangt wird, diese Hingabe zu beschränken.

Es ist keine andere Klage je von Frauen geklagt worden: die beiden ersten Briefe Heloïsens enthalten nur sie, und fünfhundert Jahre später erhebt sie sich aus den Briefen der Portugiesin; man erkennt sie wieder wie einen Vogelruf. Und plötzlich geht durch den hellen Raum dieser Einsicht der Sappho fernste Gestalt, die die Jahrhunderte nicht fanden, da sie sie im Schicksal suchten.

KA 3 (Die Aufzeichnungen des Malte Laurids Brigge), 599

Schlecht leben die Geliebten und in Gefahr. Ach, daß sie sich überstünden und Liebende würden. Um die Liebenden ist lauter Sicherheit. Niemand verdächtigt sie mehr, und sie selbst sind nicht imstande, sich zu verraten. In ihnen ist das Geheimnis heil geworden, sie schreien es im Ganzen aus wie Nachtigallen, es hat keine Teile. Sie klagen um einen; aber die ganze Natur stimmt in sie ein: es ist die Klage um einen Ewigen. Sie stürzen sich dem Verlorenen nach, aber schon mit den ersten Schritten überholen sie ihn, und *vor* ihnen ist nur noch Gott. Ihre Legende ist die der Byblis, die den Kaunos verfolgt bis nach Lykien hin. Ihres Herzens Andrang jagte sie durch die Länder auf seiner Spur, und schließlich war sie am Ende der Kraft; aber so stark war ihres Wesens Bewegtheit, daß sie, hinsinkend, jenseits vom Tod als Quelle wiedererschien, eilend, als eilende Quelle.

Was ist anderes der Portugiesin geschehen: als daß sie innen zur Quelle ward? Was dir, Heloïse? was euch, Liebenden, deren Klagen auf uns gekommen sind: Gaspara Stampa; Gräfin von Die und Clara d'Anduze; Louise Labbé, Marceline Desbordes, Elisa Mercœur? Aber du, arme flüchtige Aïssé, du zögertest schon und gabst nach. Müde Julie Lespinasse. Trostlose Sage des glücklichen Parks: Marie-Anne de Clermont.

Ich weiß noch genau, einmal, vorzeiten, zuhaus, fand ich ein Schmucketui; es war zwei Hände groß, fächerförmig mit einem eingepreßten Blumenrand im dunkelgrünen Saffian. Ich schlug es auf: es war leer. Das kann ich nun sagen nach so langer Zeit. Aber damals, da ich es geöffnet hatte, sah ich nur, woraus diese Leere bestand: aus Samt, aus einem kleinen Hügel lichten, nicht mehr frischen Samtes; aus der Schmuckrille, die, um eine Spur Wehmut heller, leer, darin verlief. Einen Augenblick war das auszuhalten. Aber vor denen, die als Geliebte zurückbleiben, ist es vielleicht immer so.

· *KA 3 (Die Aufzeichnungen des Malte Laurids Brigge), 618-619*

Einmal noch, Abelone, in den letzten Jahren fühlte ich dich und sah dich ein, unerwartet, nachdem ich lange nicht an dich gedacht hatte.

Das war in Venedig, im Herbst, in einem jener Salons, in denen Fremde sich vorübergehend um die Dame des Hauses versammeln, die fremd ist wie sie. Diese Leute stehen herum mit ihrer Tasse Tee und sind entzückt, sooft ein kundiger Nachbar sie kurz und verkappt nach der Tür dreht, um ihnen einen Namen zuzuflüstern, der venezianisch klingt. Sie sind auf die äußersten Namen gefaßt, nichts kann sie überraschen; denn so sparsam sie sonst auch im Erleben sein mögen, in dieser Stadt geben sie sich nonchalant den übertriebensten Möglichkeiten hin. In ihrem gewöhnlichen Dasein verwechseln sie beständig das Außerordentliche mit dem Verbotenen, so daß die Erwartung des Wunderbaren, die sie sich nun gestatten, als ein grober, ausschweifender Ausdruck in ihre Gesichter tritt. Was ihnen zu Hause nur momentan in Konzerten passiert oder wenn sie mit einem Roman allein sind, das tragen sie unter diesen schmeichelnden Verhältnissen als berechtigten Zustand zur Schau. Wie sie, ganz unvorbereitet, keine Gefahr begreifend, von den fast tödlichen Geständnissen der Musik sich anreizen lassen wie von körperlichen Indiskretionen, so überliefern sie sich, ohne die Existenz Venedigs im geringsten zu bewältigen, der lohnenden Ohnmacht der Gondeln. Nicht mehr neue Eheleute, die während der ganzen Reise nur gehässige Repliken für einander hatten, versinken in schweigsame Verträglichkeit; über den Mann kommt die angenehme Müdigkeit seiner Ideale, während sie sich jung fühlt und den trägen Einheimischen aufmunternd zunickt mit einem Lächeln, als hätte sie Zähne aus Zucker, die sich beständig auflösen. Und hört man hin, so ergibt es sich, daß sie morgen reisen oder übermorgen oder Ende der Woche.

Da stand ich nun zwischen ihnen und freute mich, daß ich nicht reiste. In kurzem würde es kalt sein. Das weiche, opiatische Venedig ihrer Vorurteile und Bedürfnisse verschwindet mit diesen somnolenten Ausländern, und eines Morgens ist das andere da, das wirkliche, wache, bis zum Zerspringen spröde, durchaus nicht erträumte: das mitten im Nichts auf versenkten Wäldern gewollte, erzwungene und endlich so durch und durch vorhandene Venedig. Der abgehärtete, auf das Nötigste beschränkte Körper, durch den das nachtwache Arsenal das Blut seiner Arbeit trieb, und dieses Körpers penetranter, sich fortwährend erweiternder Geist, der stärker war als der Duft aromatischer Länder. Der suggestive Staat, der das Salz und Glas seiner Armut austauschte gegen die Schätze der Völker. Das schöne Gegengewicht der Welt, das bis in seine Zierate hinein voll latenter Energien steht, die sich immer feiner vernervten –: dieses Venedig.

Das Bewußtsein, daß ich es kannte, überkam mich unter allen diesen sich täuschenden Leuten mit so viel Widerspruch, daß ich aufsah, um mich irgendwie mitzuteilen. War es denkbar, daß in diesen Sälen nicht einer war, der unwillkürlich darauf wartete, über das Wesen dieser Umgebung aufgeklärt zu sein? Ein junger Mensch, der es sofort begriff, daß hier nicht ein Genuß aufgeschlagen war, sondern ein Beispiel des Willens, wie es nirgends anfordernder und strenger sich finden ließ? Ich ging umher, meine Wahrheit beunruhigte mich. Da sie mich hier unter so vielen ergriffen hatte, brachte sie den Wunsch mit, ausgesprochen, verteidigt, bewiesen zu sein. Die groteske Vorstellung entstand in mir, wie ich im nächsten Augenblick in die Hände klatschen würde aus Haß gegen das von allen zerredete Mißverständnis.

In dieser lächerlichen Stimmung bemerkte ich sie. Sie stand allein vor einem strahlenden Fenster und betrachtete mich; nicht eigentlich mit den Augen, die ernst und nachdenklich waren, sondern geradezu mit dem Mund, der dem offenbar bö-

sen Ausdruck meines Gesichtes ironisch nachahmte. Ich fühlte
sofort die ungeduldige Spannung in meinen Zügen und nahm
ein gelassenes Gesicht an, worauf ihr Mund natürlich wurde
und hochmütig. Dann, nach kurzem Bedenken, lächelten wir
einander gleichzeitig zu.

Sie erinnerte, wenn man will, an ein gewisses Jugendbildnis
der schönen Benedicte von Qualen, die in Baggesens Leben
eine Rolle spielt. Man konnte die dunkle Stille ihrer Augen
nicht sehen ohne die klare Dunkelheit ihrer Stimme zu ver-
muten. Übrigens war die Flechtung ihres Haars und der Hals-
ausschnitt ihres hellen Kleides so kopenhagisch, daß ich ent-
schlossen war, sie dänisch anzureden.

Ich war aber noch nicht nahe genug, da schob sich von der an-
dern Seite eine Strömung zu ihr hin; unsere gästeglückliche
Gräfin selbst, in ihrer warmen, begeisterten Zerstreutheit, stürz-
te sich mit einer Menge Beistand über sie, um sie auf der Stelle
zum Singen abzuführen. Ich war sicher, daß das junge Mäd-
chen sich damit entschuldigen würde, daß niemand in der
Gesellschaft Interesse haben könne, dänisch singen zu hören.
Dies tat sie auch, sowie sie zu Worte kam. Das Gedränge um
die lichte Gestalt herum wurde eifriger; jemand wußte, daß sie
auch deutsch singe. »Und italienisch«, ergänzte eine lachende
Stimme mit boshafter Überzeugung. Ich wußte keine Ausrede,
die ich ihr hätte wünschen können, aber ich zweifelte nicht, daß
sie widerstehen würde. Schon breitete sich eine trockene Ge-
kränktheit über die vom langen Lächeln abgespannten Gesich-
ter der Überredenden aus, schon trat die gute Gräfin, um sich
nichts zu vergeben, mitleidig und würdig einen Schritt ab, da,
als es durchaus nicht mehr nötig war, gab sie nach. Ich fühlte,
wie ich blaß wurde vor Enttäuschung; mein Blick füllte sich
mit Vorwurf, aber ich wandte mich weg, es lohnte nicht, sie
das sehn zu lassen. Sie aber machte sich von den andern los
und war auf einmal neben mir. Ihr Kleid schien mich an, der
blumige Geruch ihrer Wärme stand um mich.

»Ich will wirklich singen«, sagte sie auf dänisch meine Wange entlang, »nicht weil sie's verlangen, nicht zum Schein: weil ich jetzt singen muß.«

Aus ihren Worten brach dieselbe böse Unduldsamkeit, von welcher sie mich eben befreit hatte.

Ich folgte langsam der Gruppe, mit der sie sich entfernte. Aber an einer hohen Tür blieb ich zurück und ließ die Menschen sich verschieben und ordnen. Ich lehnte mich an das schwarzspiegelnde Türinnere und wartete. Jemand fragte mich, was sich vorbereite, ob man singen werde. Ich gab vor, es nicht zu wissen. Während ich log, sang sie schon.

Ich konnte sie nicht sehen. Es wurde allmählich Raum um eines jener italienischen Lieder, die die Fremden für sehr echt halten, weil sie von so deutlicher Übereinkunft sind. Sie, die es sang, glaubte nicht daran. Sie hob es mit Mühe hinauf, sie nahm es viel zu schwer. An dem Beifall vorne konnte man merken, wann es zu Ende war. Ich war traurig und beschämt. Es entstand einige Bewegung, und ich nahm mir vor, sowie jemand gehen würde, mich anzuschließen.

Aber da wurde es mit einemmal still. Eine Stille ergab sich, die eben noch niemand für möglich gehalten hätte; sie dauerte an, sie spannte sich, und jetzt erhob sich in ihr die Stimme. (Abelone, dachte ich. Abelone.) Diesmal war sie stark, voll und doch nicht schwer; aus einem Stück, ohne Bruch, ohne Naht. Es war ein unbekanntes deutsches Lied. Sie sang es merkwürdig einfach, wie etwas Notwendiges. Sie sang:

»Du, der ichs nicht sage, daß ich bei Nacht
weinend liege,
deren Wesen mich müde macht
wie eine Wiege.
Du, die mir nicht sagt, wenn sie wacht
meinetwillen:

wie, wenn wir diese Pracht
ohne zu stillen
in uns ertrügen?
   (kurze Pause und zögernd):
Sieh dir die Liebenden an,
wenn erst das Bekennen begann,
wie bald sie lügen.«

Wieder die Stille. Gott weiß, wer sie machte. Dann rührten
sich die Leute, stießen aneinander, entschuldigten sich, hüstel-
ten. Schon wollten sie in ein allgemeines verwischendes Ge-
räusch übergehen, da brach plötzlich die Stimme aus, ent-
schlossen, breit und gedrängt:

»Du machst mich allein. Dich einzig kann ich vertauschen.
Eine Weile bist dus, dann wieder ist es das Rauschen,
oder es ist ein Duft ohne Rest.
Ach, in den Armen hab ich sie alle verloren,
du nur, du wirst immer wieder geboren:
weil ich niemals dich anhielt, halt ich dich fest.«

Niemand hatte es erwartet. Alle standen gleichsam geduckt
unter dieser Stimme. Und zum Schluß war eine solche Sicher-
heit in ihr, als ob sie seit Jahren gewußt hätte, daß sie in diesem
Augenblick würde einzusetzen haben.

KA 3 (Die Aufzeichnungen des Malte Laurids Brigge), 623-628

Man wird mich schwer davon überzeugen, daß die Geschichte
des verlorenen Sohnes nicht die Legende dessen ist, der nicht
geliebt werden wollte. Da er ein Kind war, liebten ihn alle im

Hause. Er wuchs heran, er wußte es nicht anders und gewöhnte sich in ihre Herzweiche, da er ein Kind war.

Aber als Knabe wollte er seine Gewohnheiten ablegen. Er hätte es nicht sagen können, aber wenn er draußen herumstrich den ganzen Tag und nicht einmal mehr die Hunde mithaben wollte, so wars, weil auch sie ihn liebten; weil in ihren Blicken Beobachtung war und Teilnahme, Erwartung und Besorgtheit; weil man auch vor ihnen nichts tun konnte, ohne zu freuen oder zu kränken. Was er aber damals meinte, das war die innige Indifferenz seines Herzens, die ihn manchmal früh in den Feldern mit solcher Reinheit ergriff, daß er zu laufen begann, um nicht Zeit und Atem zu haben, mehr zu sein als ein leichter Moment, in dem der Morgen zum Bewußtsein kommt. Das Geheimnis seines noch nie gewesenen Lebens breitete sich vor ihm aus. Unwillkürlich verließ er den Fußpfad und lief weiter feldein, die Arme ausgestreckt, als könnte er in dieser Breite mehrere Richtungen auf einmal bewältigen. Und dann warf er sich irgendwo hinter eine Hecke, und niemand legte Wert auf ihn. Er schälte sich eine Flöte, er schleuderte einen Stein nach einem kleinen Raubtier, er neigte sich vor und zwang einen Käfer umzukehren: dies alles wurde kein Schicksal, und die Himmel gingen wie über Natur. Schließlich kam der Nachmittag mit lauter Einfällen; man war ein Bucanier auf der Insel Tortuga, und es lag keine Verpflichtung darin, es zu sein; man belagerte Campêche, man eroberte Vera- Cruz; es war möglich, das ganze Heer zu sein oder ein Anführer zu Pferd oder ein Schiff auf dem Meer: je nachdem man sich fühlte. Fiel es einem aber ein, hinzuknien, so war man rasch Deodat von Gozon und hatte den Drachen erlegt und vernahm, ganz heiß, daß dieses Heldentum hoffärtig war, ohne Gehorsam. Denn man ersparte sich nichts, was zur Sache gehörte. Soviel Einbildungen sich aber auch einstellten, zwischendurch war immer noch Zeit, nichts als ein Vogel zu sein, ungewiß welcher. Nur daß der Heimweg dann kam.

Mein Gott, was war da alles abzulegen und zu vergessen; denn richtig vergessen, das war nötig; sonst verriet man sich, wenn sie drängten. Wie sehr man auch zögerte und sich umsah, schließlich kam doch der Giebel herauf. Das erste Fenster oben faßte einen ins Auge, es mochte wohl jemand dort stehen. Die Hunde, in denen die Erwartung den ganzen Tag angewachsen war, preschten durch die Büsche und trieben einen zusammen zu dem, den sie meinten. Und den Rest tat das Haus. Man mußte nur eintreten in seinen vollen Geruch, schon war das Meiste entschieden. Kleinigkeiten konnten sich noch ändern; im ganzen war man schon der, für den sie einen hier hielten; der, dem sie aus seiner kleinen Vergangenheit und ihren eigenen Wünschen längst ein Leben gemacht hatten; das gemeinsame Wesen, das Tag und Nacht unter der Suggestion ihrer Liebe stand, zwischen ihrer Hoffnung und ihrem Argwohn, vor ihrem Tadel oder Beifall.

So einem nützt es nichts, mit unsäglicher Vorsicht die Treppen zu steigen. Alle werden im Wohnzimmer sein, und die Türe muß nur gehn, so sehen sie hin. Er bleibt im Dunkel, er will ihre Fragen abwarten. Aber dann kommt das Ärgste. Sie nehmen ihn bei den Händen, sie ziehen ihn an den Tisch, und alle, soviel ihrer da sind, strecken sich neugierig vor die Lampe. Sie haben es gut, sie halten sich dunkel, und auf ihn allein fällt, mit dem Licht, alle Schande, ein Gesicht zu haben.

Wird er bleiben und das ungefähre Leben nachlügen, das sie ihm zuschreiben, und ihnen allen mit dem ganzen Gesicht ähnlich werden? Wird er sich teilen zwischen der zarten Wahrhaftigkeit seines Willens und dem plumpen Betrug, der sie ihm selber verdirbt? Wird er es aufgeben, *das* zu werden, was denen aus seiner Familie, die nur noch ein schwaches Herz haben, schaden könnte?

Nein, er wird fortgehen. Zum Beispiel während sie alle beschäftigt sind, ihm den Geburtstagstisch zu bestellen mit den

schlecht erratenen Gegenständen, die wieder einmal alles aus-
gleichen sollen. Fortgehen für immer. Viel später erst wird
ihm klar werden, wie sehr er sich damals vornahm, niemals
zu lieben, um keinen in die entsetzliche Lage zu bringen, ge-
liebt zu sein. Jahre hernach fällt es ihm ein und, wie andere
Vorsätze, so ist auch dieser unmöglich gewesen. Denn er hat
geliebt und wieder geliebt in seiner Einsamkeit; jedesmal mit
Verschwendung seiner ganzen Natur und unter unsäglicher
Angst um die Freiheit des andern. Langsam hat er gelernt,
den geliebten Gegenstand mit den Strahlen seines Gefühls
zu durchscheinen, statt ihn darin zu verzehren. Und er war
verwöhnt von dem Entzücken, durch die immer transparen-
tere Gestalt der Geliebten die Weiten zu erkennen, die sie sei-
nem unendlichen Besitzenwollen auftat.
Wie konnte er dann nächtelang weinen vor Sehnsucht, selbst
so durchleuchtet zu sein. Aber eine Geliebte, die nachgiebt,
ist noch lang keine Liebende. O, trostlose Nächte, da er seine
flutenden Gaben in Stücken wiederempfing, schwer von Ver-
gänglichkeit. Wie gedachte er dann der Troubadours, die nichts
mehr fürchteten als erhört zu sein. Alles erworbene und ver-
mehrte Geld gab er dafür hin, dies nicht noch zu erfahren. Er
kränkte sie mit seiner groben Bezahlung, von Tag zu Tag bang,
sie könnten versuchen, auf seine Liebe einzugehen. Denn er
hatte die Hoffnung nicht mehr, die Liebende zu erleben, die
ihn durchbrach.
Selbst in der Zeit, da die Armut ihn täglich mit neuen Härten
erschreckte, da sein Kopf das Lieblingsding des Elends war
und ganz abgegriffen, da sich überall an seinem Leibe Ge-
schwüre aufschlugen wie Notaugen gegen die Schwärze der
Heimsuchung, da ihm graute vor dem Unrat, auf dem man
ihn verlassen hatte, weil er seinesgleichen war: selbst da noch,
wenn er sich besann, war es sein größtes Entsetzen, erwi-
dert worden zu sein. Was waren alle Finsternisse seither ge-

gen die dichte Traurigkeit jener Umarmungen, in denen sich alles verlor. Wachte man nicht auf mit dem Gefühl, ohne Zukunft zu sein? Ging man nicht sinnlos umher ohne Anrecht auf alle Gefahr? Hatte man nicht hundertmal versprechen müssen, nicht zu sterben? Vielleicht war es der Eigensinn dieser argen Erinnerung, die sich von Wiederkunft zu Wiederkunft eine Stelle erhalten wollte, was sein Leben unter den Abfällen währen ließ. Schließlich fand man ihn wieder. Und erst dann, erst in den Hirtenjahren, beruhigte sich seine viele Vergangenheit.

Wer beschreibt, was ihm damals geschah? Welcher Dichter hat die Überredung, seiner damaligen Tage Länge zu vertragen mit der Kürze des Lebens? Welche Kunst ist weit genug, zugleich seine schmale, vermantelte Gestalt hervorzurufen und den ganzen Überraum seiner riesigen Nächte.

Das war die Zeit, die damit begann, daß er sich allgemein und anonym fühlte wie ein zögernd Genesender. Er liebte nicht, es sei denn, daß er es liebte, zu sein. Die niedrige Liebe seiner Schafe lag ihm nicht an; wie Licht, das durch Wolken fällt, zerstreute sie sich um ihn her und schimmerte sanft über den Wiesen. Auf der schuldlosen Spur ihres Hungers schritt er schweigend über die Weiden der Welt. Fremde sahen ihn auf der Akropolis, und vielleicht war er lange einer der Hirten in den Baux und sah die versteinerte Zeit das hohe Geschlecht überstehen, das mit allem Erringen von Sieben und Drei die sechzehn Strahlen seines Sterns nicht zu bezwingen vermochte. Oder soll ich ihn denken zu Orange, an das ländliche Triumphtor geruht? Soll ich ihn sehen im seelengewohnten Schatten der Allyscamps, wie sein Blick zwischen den Gräbern, die offen sind wie die Gräber Auferstandener, eine Libelle verfolgt?

Gleichviel. Ich seh mehr als ihn, ich sehe sein Dasein, das damals die lange Liebe zu Gott begann, die stille, ziellose Arbeit. Denn über ihn, der sich für immer hatte verhalten wollen, kam noch einmal das anwachsende Nichtanderskönnen seines Herzens. Und diesmal hoffte er auf Erhörung. Sein ganzes, im langen Alleinsein ahnend und unbeirrbar gewordenes Wesen versprach ihm, daß jener, den er jetzt meinte, zu lieben verstünde mit durchdringender, strahlender Liebe. Aber während er sich sehnte, endlich so meisterhaft geliebt zu sein, begriff sein an Fernen gewohntes Gefühl Gottes äußersten Abstand. Nächte kamen, da er meinte, sich auf ihn zuzuwerfen in den Raum; Stunden voller Entdeckung, in denen er sich stark genug fühlte, nach der Erde zu tauchen, um sie hinaufzureißen auf der Sturmflut seines Herzens. Er war wie einer, der eine herrliche Sprache hört und fiebernd sich vornimmt, in ihr zu dichten. Noch stand ihm die Bestürzung bevor, zu erfahren, wie schwer diese Sprache sei; er wollte es nicht glauben zuerst, daß ein langes Leben darüber hingehen könne, die ersten, kurzen Scheinsätze zu bilden, die ohne Sinn sind. Er stürzte sich ins Erlernen wie ein Läufer in die Wette; aber die Dichte dessen, was zu überwinden war, verlangsamte ihn. Es war nichts auszudenken, was demütigender sein konnte als diese Anfängerschaft. Er hatte den Stein der Weisen gefunden, und nun zwang man ihn, das rasch gemachte Gold seines Glücks unaufhörlich zu verwandeln in das klumpige Blei der Geduld. Er, der sich dem Raum angepaßt hatte, zog wie ein Wurm krumme Gänge ohne Ausgang und Richtung. Nun, da er so mühsam und kummervoll lieben lernte, wurde ihm gezeigt, wie nachlässig und gering bisher alle Liebe gewesen war, die er zu leisten vermeinte. Wie aus keiner etwas hatte werden können, weil er nicht begonnen hatte, an ihr Arbeit zu tun und sie zu verwirklichen.

In diesen Jahren gingen in ihm die großen Veränderungen vor. Er vergaß Gott beinah über der harten Arbeit, sich ihm zu nähern, und alles, was er mit der Zeit vielleicht bei ihm zu erreichen hoffte, war »sa patience de supporter une âme«. Die Zufälle des Schicksals, auf die die Menschen halten, waren schon längst von ihm abgefallen, aber nun verlor, selbst was an Lust und Schmerz notwendig war, den gewürzhaften Beigeschmack und wurde rein und nahrhaft für ihn. Aus den Wurzeln seines Seins entwickelte sich die feste, überwinternde Pflanze einer fruchtbaren Freudigkeit. Er ging ganz darin auf, zu bewältigen, was sein Binnenleben ausmachte, er wollte nichts überspringen, denn er zweifelte nicht, daß in alledem seine Liebe war und zunahm. Ja, seine innere Fassung ging so weit, daß er beschloß, das Wichtigste von dem, was er früher nicht hatte leisten können, was einfach nur durchwartet worden war, nachzuholen. Er dachte vor allem an die Kindheit, sie kam ihm, je ruhiger er sich besann, desto ungetaner vor; alle ihre Erinnerungen hatten das Vage von Ahnungen an sich, und daß sie als vergangen galten, machte sie nahezu zukünftig. Dies alles noch einmal und nun wirklich auf sich zu nehmen, war der Grund, weshalb der Entfremdete heimkehrte. Wir wissen nicht, ob er blieb; wir wissen nur, daß er wiederkam.

Die die Geschichte erzählt haben, versuchen es an dieser Stelle, uns an das Haus zu erinnern, wie es war; denn dort ist nur wenig Zeit vergangen, ein wenig gezählter Zeit, alle im Haus können sagen, wieviel. Die Hunde sind alt geworden, aber sie leben noch. Es wird berichtet, daß einer aufheulte. Eine Unterbrechung geht durch das ganze Tagwerk. Gesichter erscheinen an den Fenstern, gealterte und erwachsene Gesichter von rührender Ähnlichkeit. Und in einem ganz alten schlägt plötzlich blaß das Erkennen durch. Das Erkennen? Wirklich nur das Erkennen? – Das Verzeihen. Das Verzeihen wovon? – Die Liebe. Mein Gott: die Liebe.

Er, der Erkannte, er hatte daran nicht mehr gedacht, beschäftigt wie er war: daß sie noch sein könne. Es ist begreiflich, daß von allem, was nun geschah, nur noch dies überliefert ward: seine Gebärde, die unerhörte Gebärde, die man nie vorher gesehen hatte; die Gebärde des Flehens, mit der er sich an ihre

Füße warf, sie beschwörend, daß sie nicht liebten. Erschrocken und schwankend hoben sie ihn zu sich herauf. Sie legten sein Ungestüm nach ihrer Weise aus, indem sie verziehen. Es muß für ihn unbeschreiblich befreiend gewesen sein, daß ihn alle mißverstanden, trotz der verzweifelten Eindeutigkeit seiner Haltung. Wahrscheinlich konnte er bleiben. Denn er erkannte von Tag zu Tag mehr, daß die Liebe ihn nicht betraf, auf die sie so eitel waren und zu der sie einander heimlich ermunterten. Fast mußte er lächeln, wenn sie sich anstrengten, und es wurde klar, wie wenig sie ihn meinen konnten.

Was wußten sie, wer er war. Er war jetzt furchtbar schwer zu lieben, und er fühlte, daß nur Einer dazu imstande sei. Der aber wollte noch nicht.

Ende der Aufzeichnungen

KA 3 (Die Aufzeichnungen des Malte Laurids Brigge), 629-635

Für die aber gilt, was für alle Verwandlungen von Mensch zu Mensch maß-gebend bleibt, daß man *nie* eine Beziehung in ihren Einzelheiten von *außen* ansehen und abschätzen darf: was sich zwei Menschen in ihrer Innigkeit zu einander geben und gewähren möchten, bleibt für alle Zeit ein Geheimnis ihrer jedesmal unbeschreiblichen Vertraulichkeit. Meinten sie in einem gewissen Moment, sich so oder so noch zärtlicher beglücken zu dürfen, so mag das ein kleiner Irrtum gewesen sein, indem sie damit nicht ihrem Glücke dienten, sondern ihrer Sehnsucht und sich Beunruhigungen ins Blut warfen, die ihnen nachträglich bedrängend werden konnten, – vielleicht, aber wer entscheidet das? Vielleicht hatten sie auch recht mit dieser Hingabe, die so unbeschreiblich unschuldig ist, wie alles, was in der Liebe aus dem bloßen Müssen und Nicht-anders-wissen hervorgeht, – niemand darf wagen, das, was da geschehen ist, von außen abzuurtheilen; eine solche Entzückung und Freude, wie weit sie auch geht, kann einen Augenblick ganz und gar *seelischer* Verwandlung heraufrufen, und da man meinte, in der sogenannten Sinnlichkeit eine neue Erfahrung zu thun, war man vielleicht schon ganz im Vorsprung der dadurch irgendwohin entzückten Seele. Das Alles, Anita, hängt ja so viel geheimnisvoller zusammen, man muß diesen Kräften gegenüber nur Dehmuth haben, den Widerstand leistet die Unschuld selbst, die in uns unzerstörbar ist, wenn wir uns nicht zur Schuld überreden lassen. Die Unklarheiten und Unsicherheiten auf diesem Gebiet haben in unserer Zeit so fürchterlich überhand genommen, in der That hat ein junger Mensch fast niemals den Berathenden und Beschützenden zur Seite, der ihm noth thäte, auch in seiner Mutter nicht, (die rathlos ist, wie alle Welt), darum heißts gerade, von der eigenen Unschuld aus sich orientieren, unbeirrt und arglos. Verständige Menschen arbeiten schon lange daran, den Liebesbeziehungen innerhalb des eigenen Geschlechts die häßlichen Verdächtigungen zu nehmen, mit denen die Conventionen sie überladen hat, – aber mir scheint auch diese Arbeit und Anschauungsweise nicht die richtige zu sein. Sie isoliert einen Vorgang, der jedesmal nur innerhalb aller seiner Umkreise dürfte in Betracht genommen werden, sie macht ein unaussprechlich Besonderes nur deshalb, weil es über jeden hereinbrechen kann, zum Allgemeinen, ja recht eigentlich Gemeinen, sie behält davon schließlich nur noch die physische Erscheinung übrig und vergißt, in wie unerreichbare und überschwängliche Zusammenhänge dieses Eine (nur scheinbar Bezeichnende) eingesetzt ist. Wir wissen nicht, *welches* die Mitte einer Liebes-Beziehung ist, welches ihr Äußerstes, Unübertrefflichstes und Seeligstes sei: manchmal wird diese Mitte mit der letzten und süßesten Innigkeit der Körper gegeben sein (auch zwischen Frauen), darüber dürfte *niemand* Richter sein, als die verschwiegene Verantwortlichkeit eben dieser Liebenden und Genießenden selbst. Nicht dieses Sich-einander-schenken wäre ein Abweg für sie, höchstens die Unsicherheit wäre es, ob sie damit wirklich sich zu jener anhaltenden Steigerung verhelfen, zu der sich gegenseitig anzutreiben, die eigentliche Lust und Sehnsucht der Liebe ist. Nur wenn es damit etwas zwischen ihnen gäbe, was sie gegenseitig schwerer, trüber, undurchsichtiger macht, hätten sie Unrecht sich in jene Hingegebenheiten zu wagen, *dann* allerdings bestünde die Gefahr, daß sie in ihnen irgendwie stecken bleiben. Denn es darf keine Zärtlichkeit der Liebe Macht haben über die Liebe selbst, keine darf mit der Gewalt der blinden Wiederholung sich aufdrängen, immer muß wieder eine ganz neue aus der Unerschöpflichkeit des Gefühls geboren werden.

»Schuld« (man muß diesen Ausdruck sparsam gebrauchen) hat höchstens der »aufklärende« Arzt, denn Aufklärung heißt nichts anderes, als die Unschuld messen mit dem Maaße der Schuld! Genau genommen richtet sie sich aber nur an den Verstand und auf dem Umweg über ihn an das Gewissen: *in das eigentliche Bereich der Unschuld dringt keine »Aufklärung« ein, dort ist eine heilige dunkle Nacht, – seien Sie weiter in ihr,* Anita, arme Anita, in der Unschuld. Und dies sei Ihnen Vorsatz: *nie* eine Einzelheit und Erscheinung der Liebe außerhalb des Gefühls zu bedenken, mit dem sie heraufgekommen war –, das ist der stärkste Schutz zugleich vor jeder Überwältigung, – das erzieht immer die *ganze* Liebe zu meinen und zu leisten, in der giebt es kein Unterscheidbares: Seele ist Körper in ihr und Körper Seele und die Seeligkeit in ihr hat unzählige Stellen und Mittel und es überwiegt keines das andere.

Rainer

Rilke an Anita Forrer, 2.2.1920, RMR/AF, 25-28

<SIEBEN GEDICHTE>

<I>
Auf einmal faßt die Rosenpflückerin
die volle Knospe seines Lebensgliedes,
und an dem Schreck des Unterschiedes
schwinden die [linden] Gärten in ihr hin

<II>
Du hast mir, Sommer, der du plötzlich bist,
zum jähen Baum den Samen aufgezogen.
(Innen Geräumige, fühl in dir den Bogen
der Nacht, in der mündig ist.)
Nun hob er sich und wächst zum Firmament,
ein Spiegelbild das neben Bäumen steht.
O stürz ihn, daß er, umgedreht

in deinen Schoß, den Gegen-Himmel kennt,
in den er wirklich bäumt und wirklich ragt.
Gewagte Landschaft, wie sie Seherinnen
in Kugeln schauen. Jenes Innen
in das das Draußensein der Sterne jagt.
⸢Dort tagt der Tod, der draußen nächtig scheint.
Und dort sind alle, welche waren,
mit allen Künftigen vereint
und Scharen scharen sich um Scharen
wie es der Engel meint.⸥

<III>
Mit unsern Blicken schließen wir den Kreis,
daß weiß in ihm wirre Spannung schmölze.
Schon richtet dein unwissendes Geheiß
die Säule auf in meinem Schamgehölze.

Von dir gestiftet steht des Gottes Bild
am leisen Kreuzweg unter meinem Kleide;
mein ganzer Körper heißt nach ihm. Wir beide
sind wie ein Gau darin sein Zauber gilt.

Doch Hain zu sein und Himmel um die Herme
das ist an dir. Gieb nach. Damit
der freie Gott inmitten seiner Schwärme
aus der entzückt zerstörten Säulen tritt.

<IV>
Schwindende, du kennst die Türme nicht.
Doch nun sollst du einen Turm gewähren
mit dem wunderbaren
Raum in dir. Verschließ dein Angesicht.
Aufgerichtet hast du ihn

ahnungslos mit Blick und Wink und Wendung.
Plötzlich starrt er von Vollendung,
und ich, Seliger, darf ihn beziehn.
Ach wie bin ich eng darin.
Schmeichle mir, zur Kuppel auszutreten:
um in deine weichen Nächte hin
mit dem Schwung schoßblendender Raketen
mehr Gefühl zu schleudern, als ich bin.

<V>
Wie hat uns der zu weite Raum verdünnt.
Plötzlich besinnen sich die Überflüsse.
Nun sickert durch das stille Sieb der Küsse
des bittren Wesens Alsem und Absynth.

Was sind wir viel, aus meinem Körper hebt
ein neuer Baum die überfüllte Krone
und ragt nach dir: denn sieh, was ist er ohne
den Sommer, der in deinem Schoße schwebt.
Bist du's bin ich's, den wir so sehr beglücken?
Wer sagt es, da wir schwinden. Vielleicht steht
im Zimmer eine Säule aus Entzücken,
die Wölbung trägt und langsamer vergeht.

<VI>
Wem sind wir nah? Dem Tode oder dem,
was noch nicht ist? Was wäre Lehm an Lehm,
formte der Gott nicht fühlend die Figur,
die zwischen uns erwächst.   Begreife nur:
das ist mein Körper, welcher aufersteht.
Nun hilf ihm leise aus dem heißen Grabe
in jenen Himmel, den ich in dir habe:
daß kühn aus ihm das Überleben geht.

Du junger Ort der tiefen Himmelfahrt.
Du dunkle Luft voll sommerlicher Pollen.
Wenn ihre tausend Geister in dir tollen,
wird meine steife Leiche wieder zart.

<VII>
Wie rief ich dich. Das sind die stummen Rufe,
die in mir süß geworden sind.
Nun stoß ich in dich Stufe ein um Stufe
und heiter steigt mein Samen wie ein Kind.
Du Urgebirg der Lust: auf einmal springt
er atemlos zu deinem innern Grate.
O gieb dich hin, zu fühlen wie er nahte;
denn du wirst stürzen, wenn er oben winkt.

KA 2, 136-138

Dies ist das schweigende Steigen der Phallen

KA 2, 282

Warum, ich frage Sie, Herr V., wenn man uns helfen will, uns so oft Hülflosen, warum läßt man uns im Stich, dort an den Wurzeln alles Erlebens? Wer uns *dort* beistände, der könnte getrost sein, daß wir nichts weiter von ihm verlangten. Denn der Beistand, den er uns dort einflößte, wüchse von selbst mit unserem Leben und würde größer und stärker mit ihm zugleich. Und ginge nie aus. Was setzt man uns nicht ein in unser Heimlichstes? Was müssen wirs umschleichen, und geraten schließlich hinein, wie Einbrecher und Diebe, in unser eigenes schönes Geschlecht, in dem wir irren und uns stoßen und straucheln, um schließlich wie Ertappte wieder hinauszustürzen in das Zwielicht der Christlichkeit. Warum, wenn schon Schuld oder Sünde, wegen der inneren Spannung des Gemüts, mußte erfunden werden, warum heftete man sie nicht an an einen anderen Teil unseres Leibes, warum ließ man sie fallen dorthin und wartete, daß sie sich auflöse in unserem reinen Brunnen und ihn vergifte und trübe? Warum hat man uns das Geschlecht heimatlos gemacht, statt das Fest unserer Zuständigkeit dort hin zu verlegen?

Gut, ich will zugeben, es soll nicht uns gehören, die wir nicht imstande sind, so unerschöpfliche Seligkeit zu verantworten und zu verwalten. Aber warum gehören wir nicht zu Gott von *dieser* Stelle aus?

Ein Kirchlicher würde mich darauf verweisen, daß es die Ehe gäbe, obwohl ihm nicht unbekannt wäre, wie es mit dieser Einrichtung bestellt ist. Es nützt auch nichts, den Willen zur Fortpflanzung in den Gnadenstrahl zu rücken –, mein Geschlecht ist nicht nur den Nachkommen zugekehrt, es ist das Geheimnis meines eigenen Lebens –, und nur weil es dort, wie es scheint, den mittleren Platz nicht einnehmen soll, haben so viele es an ihren Rand verschoben und darüber das Gleichgewicht verloren. Was hilft alles! Die entsetzliche Unwahrheit und Unsicherheit unserer Zeit hat ihren Grund in dem nicht eingestandenen Glück des Geschlechts, in dieser eigentümlich schiefen Verschuldung, die immerfort zunimmt und uns von der ganzen übrigen Natur trennt, ja sogar von dem Kind, obwohl, wie ich in jener unvergeßlichen Nacht erfuhr, seine, des Kindes, Unschuld durchaus nicht darin besteht, daß es, sozusagen, kein Geschlecht kenne, – »sondern«, so sagte Pierre fast tonlos, »jenes unbegreifliche Glück, das uns an *einer* Stelle erwacht mitten im Fruchtfleisch der geschlossenen Umarmung, ist noch in seinem ganzen Körper überall namenlos verteilt«. Um die eigentümliche Lage unserer Sinnlichkeit zu bezeichnen, müßte man also sagen dürfen: Einmal waren wir *überall* Kind, jetzt sind wirs nur noch an einer Stelle. – Wenn aber nur ein einziger unter uns ist, dem das gewiß wäre und der die Beweise dafür aufzuzeigen die Fähigkeit besäße, warum lassen wirs geschehen, daß eine Generation nach der anderen unter dem Schutt christlicher Vorurteile zu sich kommt und sich rührt wie der Scheintote im Finstern, in einem engsten Zwischenraum zwischen lauter Absagen!?

Herr V. Ich schreibe und schreibe. Eine ganze Nacht ist fast darüber hingegangen. Ich muß mich zusammenfassen. – Habe ich gesagt, daß ich in einer Fabrik angestellt bin? Ich arbeite im Schreibzimmer, manchmal habe ich auch an einer Maschine zu tun. Früher konnte ich einmal eine kurze Zeit studieren. Nun, ich will nur sagen, wie mir zu Mute ist. Ich will, sehen Sie, anwendbar sein an Gott, so wie ich da bin; was ich hier tue, Arbeit, das will ich weitertun auf ihn zu ohne daß mir mein Strahl gebrochen wird, wenn ich das so ausdrücken darf, auch nicht in Christus, der einst für viele das Wasser war. Die Maschine, zum Beispiel, ich kann sie ihm nicht erklären, er behält nicht. Ich weiß Sie lachen nicht, wenn ich das so einfältig sage, es ist am besten so. Gott dagegen, ich habe dieses Gefühl, *ihm* kann ich sie bringen, meine Maschine und ihren Erstling, oder sonst meine ganze Arbeit, es geht ohneweiters in ihn hinein.

So wie es für die Hirten einmal leicht war, den Göttern ihres Lebens ein Lamm zu bringen oder die Feldfrucht oder die schönste Traube.

Sie sehen, Herr V., ich konnte diesen langen Brief schreiben, ohne das Wort Glauben ein einziges Mal nötig zu haben. Denn das scheint mir eine umständliche und schwierige Angelegenheit zu sein, und nicht die meine. Ich will mich nicht schlecht machen lassen um Christi willen, sondern gut sein für Gott. Ich will nicht von vornherein als ein Sündiger angeredet sein, vielleicht bin ich es nicht. Ich habe so reine Morgen! Ich könnte mit Gott reden, ich brauche niemanden, der mir Briefe an ihn aufsetzen hilft.

Ihre Gedichte kenne ich nur aus jener Vorlesung neulich abend, ich besitze nur wenige Bücher, die meistens mit meinem Beruf zu tun haben. Ein paar allerdings, die von Kunst handeln, und Historisches, was ich mir eben verschaffen konnte. – Die Gedichte aber, das müssen Sie sich nun gefallen lassen, haben diese Bewegung in mir hervorgerufen. Mein Freund sagte einmal: Gebt uns Lehrer, die uns das Hiesige rühmen. Sie *sind* ein solcher.

KA 4 (Der Brief des jungen Arbeiters), 744–747

Leg du auf meine Lebensgeige
die Hände an des Schicksals Statt, –
daß ich vergesse, wasfür feige
Töne jede Saite hat.

Lehr mich ein Lied. Ein Lied, das zage
wie Glückserinnerungen beginnt.

Ein Lied für meine Feiertage,
die ohne alle Hymnen sind.

SW III (Dir zur Feier), 183

LIEBES-LIED

Wie soll ich meine Seele halten, daß
sie nicht an deine rührt? Wie soll ich sie
hinheben über dich zu andern Dingen?
Ach gerne möcht ich sie bei irgendwas
Verlorenem im Dunkel unterbringen
an einer fremden stillen Stelle, die
nicht weiterschwingt, wenn deine Tiefen schwingen.
Doch alles, was uns anrührt, dich und mich,
nimmt uns zusammen wie ein Bogenstrich,
der aus zwei Saiten *eine* Stimme zieht.
Auf welches Instrument sind wir gespannt?
Und welcher Geiger hat uns in der Hand?
O süßes Lied.

KA 1 (Neue Gedichte), 450

Ich darf mich rasch auf eine kleine Nachschrift beschränken [...]. Ja, die Stimme der Marianna Alcoforado, Nonne zu Beja, ist eine der wunderbarsten, gültigsten durch die Zeiten hin –, heute wie je. *Was* könnte da je anders werden: der Schrei wird immer der gleiche sein. (Nur hat nicht jedes Herz so starke Stimme in seinem Leid!) – Die Frauen haben ja nichts als diese unendliche Beschäftigung ihres Herzens, dies ist ihre völlige Kunst, an der die Männer –, die im Ganzen anders beschäftigt sind, nur momentan, als Pfuscher und Dilettanten oder, was schlimmer ist, als usuriers des Gefühls, bestärkend und schon wieder verstörend, Anteil nehmen. Die Einen, die Männer, sind an die *Leistung* verpflichtet, und was sie an einer Frau Beseligendes erfahren, treibt sie womöglich noch stärker, dringender, in ihre Leistung hinein, der sie die dort in der Liebe gewonnene Intensität meinen zuwenden zu müssen; – sie entfernen sich, *ihre* Konzentration ist eigentlich drüben, in ihrer Arbeit, *dort* lernen sie, dort binden sie, dort verbeißen sie sich; kommen ab und zu, halb zerstreut, halb habgierig, zurück, und unterscheiden, außer in gewissen Augenblicken des Werbens, kaum mehr zwischen Griff und Mißgriff, wo sie den immer wartenden, so oft verlassenen, so oft verstörten Garten der Liebe pflegen sollten. – Dies sind die Einen. Die Anderen, die Frauen, *haben* nichts als diesen Garten, *sind* dieser Garten und dieses Gartens Himmel und Wind und Windstille dazu, können sich nicht rühren, als *in* sich, können nur Dasein und Jahreszeiten hinnehmen im Rhythmus von Erwartung, Erfüllung und Abschied. – Dieses unüberwindliche Verhängnis schreit die Stimme der portugiesischen Nonne stärker, reiner hinaus als jede andere Stimme, außer vielleicht die der *Sappho* – ist im Recht mit diesem Schrei, *ewig im Recht* (obzwar der Comte de Chantilly es sich etwas zu leicht gemacht hat, ihr Recht zu geben!).

Rilke an Ilse Blumenthal-Weiß, 29.12.1921, Briefe 2, 721-722

ERANNA AN SAPPHO

O du wilde weite Werferin:
Wie ein Speer bei andern Dingen
lag ich bei den Meinen. Dein Erklingen
warf mich weit. Ich weiß nicht *wo* ich bin.
Mich kann keiner wiederbringen.

Meine Schwestern denken mich und weben,
und das Haus ist voll vertrauter Schritte.
Ich allein bin fern und fortgegeben,
und ich zittere wie eine Bitte;
denn die schöne Göttin in der Mitte
ihrer Mythen glüht und lebt mein Leben.

KA 1 (Neue Gedichte), 451

SAPPHO AN ERANNA

Unruh will ich über dich bringen,
schwingen will ich dich, umrankter Stab.
Wie das Sterben will ich dich durchdringen
und dich weitergeben wie das Grab
an das Alles: allen diesen Dingen.

KA 1 (Neue Gedichte), 451

SAPPHO AN ALKAÏOS

Fragment

Und was hättest du mir denn zu sagen,
und was gehst du meine Seele an,
wenn sich deine Augen niederschlagen
vor dem nahen Nichtgesagten? Mann,

sieh, uns hat das Sagen dieser Dinge
hingerissen und bis in den Ruhm.
Wenn ich denke: unter euch verginge
dürftig unser süßes Mädchentum,

welches wir, ich Wissende und jene
mit mir Wissenden, vom Gott bewacht,
trugen unberührt, daß Mytilene
wie ein Apfelgarten in der Nacht
duftete vom Wachsen unsrer Brüste –.

Ja, auch dieser Brüste, die du nicht
wähltest wie zu Fruchtgewinden, Freier
mit dem weggesenkten Angesicht.
Geh und laß mich, daß zu meiner Leier
komme, was du abhältst: alles steht.

Dieser Gott ist nicht der Beistand Zweier,
aber wenn er durch den Einen geht

– – – – – – – – – – – – – – – – – –

KA 1 (Neue Gedichte), 451-452

78

EIN FRAUEN-SCHICKSAL

So wie der König auf der Jagd ein Glas
ergreift, daraus zu trinken, irgendeines, –
und wie hernach der welcher es besaß
es fortstellt und verwahrt als wär es keines:

so hob vielleicht das Schicksal, durstig auch,
bisweilen Eine an den Mund und trank,
die dann ein kleines Leben, viel zu bang
sie zu zerbrechen, abseits vom Gebrauch

hinstellte in die ängstliche Vitrine,
in welcher seine Kostbarkeiten sind
(oder die Dinge, die für kostbar gelten).

Da stand sie fremd wie eine Fortgeliehne
und wurde einfach alt und wurde blind
und war nicht kostbar und war niemals selten.

KA 1 (Neue Gedichte), 475-476

KLAGE UM ANTINOUS

Keiner begriff mir von euch den bithynischen Knaben
(daß ihr den Strom anfaßtet und von ihm hübt ...).
Ich verwöhnte ihn zwar. Und dennoch: wir haben
ihn nur mit Schwere erfüllt und für immer getrübt.

Wer vermag denn zu lieben? Wer kann es? – Noch keiner.
Und so hab ich unendliches Weh getan –.

Nun ist er am Nil der stillenden Götter einer,
und ich weiß kaum welcher und kann ihm nicht nahn.

Und ihr warfet ihn noch, Wahnsinnige, bis in die Sterne,
damit ich euch rufe und dränge: meint ihr den?
Was ist er nicht einfach ein Toter. Er wäre es gerne.
Und vielleicht wäre ihm nichts geschehn.

KA 1 (Der Neuen Gedichte anderer Teil), 516

DER TOD DER GELIEBTEN

Er wußte nur vom Tod was alle wissen:
daß er uns nimmt und in das Stumme stößt.
Als aber sie, nicht von ihm fortgerissen,
nein, leis aus seinen Augen ausgelöst,

hinüberglitt zu unbekannten Schatten,
und als er fühlte, daß sie drüben nun
wie einen Mond ihr Mädchenlächeln hatten
und ihre Weise wohlzutun:

da wurden ihm die Toten so bekannt,
als wäre er durch sie mit einem jeden
ganz nah verwandt; er ließ die andern reden

und glaubte nicht und nannte jenes Land
das gutgelegene, das immersüße –
Und tastete es ab für ihre Füße.

KA 1 (Der Neuen Gedichte anderer Teil), 517

Aimant soudain, hélas, on ne fait que changer d'inquiétude.

(Plötzlich liebend, ach, wechselt man nur die Beunruhigung.)
KA 5, 368 und 369

Rom, am 14. Mai 1904

Mein lieber Herr Kappus,

[...] Die Leute haben (mit Hilfe von Konventionen) alles nach
dem Leichten hin gelöst und nach des Leichten leichtester Sei-
te; es ist aber klar, daß wir uns an das Schwere halten müssen;
alles Lebendige hält sich daran, alles in der Natur wächst und
wehrt sich nach seiner Art und ist ein Eigenes aus sich heraus,
versucht es um jeden Preis zu sein und gegen allen Wider-
stand. Wir wissen wenig, aber daß wir uns zu Schwerem hal-
ten müssen, ist eine Sicherheit, die uns nicht verlassen wird;
es ist gut, einsam zu sein, denn Einsamkeit ist schwer; daß
etwas schwer ist, muß uns ein Grund mehr sein, es zu tun.
Auch zu lieben, ist gut: denn Liebe ist schwer. Liebhaben von
Mensch zu Mensch: das ist vielleicht das Schwerste, was uns
aufgegeben ist, das Äußerste, die letzte Probe und Prüfung,
die Arbeit, für die alle andere Arbeit nur Vorbereitung ist. Dar-
um *können* junge Menschen, die Anfänger in allem sind, die
Liebe noch nicht: sie müssen sie lernen. Mit dem ganzen We-
sen, mit allen Kräften, versammelt um ihr einsames, banges,
aufwärts schlagendes Herz, müssen sie lieben lernen. Lernzeit
aber ist immer eine lange, abgeschlossene Zeit, und so ist Lie-
ben für lange hinaus und weit ins Leben hinein –: Einsamkeit,
gesteigertes und vertieftes Alleinsein für den, der liebt. Lieben
ist zunächst nichts, was aufgehen, hingeben und sich mit einem
zweiten vereinen heißt (denn was wäre eine Vereinigung von

Ungeklärtem und Unfertigem, noch Ungeordnetem –?), es ist ein erhabener Anlaß für den einzelnen, zu reifen, in sich etwas zu werden, Welt zu werden, Welt zu werden für sich um eines anderen willen, es ist ein großer, unbescheidener Anspruch an ihn, etwas, was ihn auserwählt und zu Weitem beruft. Nur in diesem Sinne, als Aufgabe an sich zu arbeiten (»zu horchen und zu hämmern Tag und Nacht«) dürften junge Menschen die Liebe, die ihnen gegeben wird, gebrauchen. Das Aufgehen und das Hingeben und alle Art der Gemeinsamkeit ist nicht für sie (die noch lange, lange sparen und sammeln müssen), ist das Endliche, ist vielleicht das, wofür Menschenleben jetzt noch kaum ausreichen.

Darin aber irren die jungen Menschen so oft und so schwer: daß sie (in deren Wesen es liegt, keine Geduld zu haben) sich einander hinwerfen, wenn die Liebe über sie kommt, sich ausstreuen, so wie sie sind in all ihrer Unaufgeräumtheit, Unordnung, Wirrnis …: Was aber soll dann sein? Was soll das Leben an diesem Haufen von Halbzerschlagenem tun, den sie ihre Gemeinsamkeit heißen und den sie gerne ihr Glück nennen möchten, ginge es an, und ihre Zukunft? Da verliert jeder sich um des anderen willen und verliert den anderen und viele andere, die noch kommen wollten. Und verliert die Weiten und Möglichkeiten, tauscht das Nahen und Fliehen leiser, ahnungsvoller Dinge gegen eine unfruchtbare Ratlosigkeit, aus der nichts mehr kommen kann; nichts als ein wenig Ekel, Enttäuschtheit und Armut und die Rettung in eine der vielen Konventionen, die wie allgemeine Schutzhütten an diesem gefährlichsten Wege in großer Zahl angebracht sind. Kein Gebiet menschlichen Erlebens ist so mit Konventionen versehen wie dieses, Rettungsgürtel der verschiedensten Erfindung, Boote und Schwimmblasen sind da; Zuflüchte in jeder Art hat die gesellschaftliche Auffassung zu schaffen gewußt, denn, da sie geneigt war, das Liebesleben als ein Vergnügen zu nehmen, mußte sie es auch leicht ausgestalten, billig, gefahrlos und sicher, wie öffentliche Vergnügungen sind.

Zwar fühlen viele junge Menschen, die falsch, d. h. einfach hingebend und uneinsam lieben (der Durchschnitt wird ja immer dabei bleiben –), das Drückende einer Verfehlung und wollen auch den Zustand, in den sie geraten sind, auf ihre eigene, persönliche Art lebensfähig und fruchtbar machen –; denn ihre Natur sagt ihnen, daß die Fragen der Liebe, weniger noch als alles, was sonst wichtig ist, öffentlich und nach dem und jenem Übereinkommen gelöst werden können; daß es Fragen sind, nahe Fragen von Mensch zu Mensch, die einer in jedem Fall neuen, besonderen, *nur* persönlichen Antwort bedürfen –: aber, wie sollten sie, die sich schon zusammengeworfen haben und sich nicht mehr abgrenzen und unterscheiden, die also nichts Eigenes mehr besitzen, einen Ausweg aus sich selbst heraus, aus der Tiefe der schon verschütteten Einsamkeit, finden können?

Sie handeln aus gemeinsamer Hilflosigkeit, und sie geraten, wenn sie dann, besten Willens, die Konvention, die ihnen auffällt (etwa die Ehe), vermeiden wollen, in die Fangarme einer weniger lauten, aber ebenso tödlichen konventionellen Lösung; denn da ist dann alles, weithin um sie – Konvention; da, wo aus einer früh zusammengeflossenen, trüben Gemeinsamkeit gehandelt wird, ist *jede* Handlung konventionell; jedes Verhältnis, zu dem solche Verwirrung führt, hat seine Konvention, mag es auch noch so ungebräuchlich (d. h. im gewöhnlichen Sinn unmoralisch) sein; ja, sogar Trennung wäre da ein konventioneller Schritt, ein unpersönlicher Zufallsentschluß ohne Kraft und ohne Furcht.

Wer ernst hinsieht, findet, daß, wie für den Tod, der schwer ist, auch für die schwere Liebe noch keine Aufklärung, keine Lösung, weder Wink noch Weg erkannt worden ist; und es wird für diese beiden Aufgaben, die wir verhüllt tragen und weitergeben, ohne sie aufzutun, keine gemeinsame, in Vereinbarung beruhende Regel sich erforschen lassen. Aber in demselben Maße, in dem wir beginnen, als Einzelne das Leben zu versuchen, werden diese großen Dinge uns, den Einzelnen, in größerer Nähe begegnen. Die Ansprüche, welche die schwere Arbeit der Liebe an unsere Entwickelung stellt, sind überlebensgroß, und wir sind ihnen, als Anfänger, nicht gewachsen. Wenn wir aber doch aushalten und diese Liebe auf uns nehmen als Last und Lehrzeit, statt uns zu verlieren an all das leichte und leichtsinnige Spiel, hinter dem die Menschen sich vor dem ernstesten Ernst ihres Daseins verborgen haben, – so wird ein kleiner Fortschritt und eine Erleichterung denen, die lange nach uns kommen, vielleicht fühlbar sein; das wäre viel.

Wir kommen ja doch eben erst dazu, das Verhältnis eines einzelnen Menschen zu einem zweiten Einzelnen vorurteilslos und sachlich zu betrachten, und unsere Versuche, solche Beziehung zu leben, haben kein Vorbild vor sich. Und doch ist in dem Wandel der Zeit schon manches, das unserer zaghaften Anfängerschaft helfen will.

Das Mädchen und die Frau, in ihrer neuen, eigenen Enthaltung, werden nur vorübergehend Nachahmer männlicher Unart und Art und Wiederholer männlicher Berufe sein. Nach der Unsicherheit solcher Übergänge wird sich zeigen, daß die Frauen durch die Fülle und den Wechsel jener (oft lächerlichen) Verkleidungen nur gegangen sind, um ihr eigenstes Wesen von den entstellenden Einflüssen des anderen Geschlechts zu reinigen. Die Frauen, in denen unmittelbarer, fruchtbarer und vertrauensvoller das Leben verweilt und wohnt, müssen ja im Grunde reifere Menschen geworden sein, menschlichere Menschen als der leichte, durch die Schwere keiner leiblichen Frucht unter die Oberfläche des Lebens herabgezogene Mann, der, dünkelhaft und hastig, unterschätzt, was er zu lieben meint. Dieses in Schmerzen und Erniedrigungen ausgetragene Menschentum der Frau wird dann, wenn sie die Konventionen der Nur-Weiblichkeit in den Verwandlungen ihres äußeren Standes abgestreift haben wird, zutage treten, und die Männer, die es heute noch nicht kommen fühlen, werden davon überrascht und geschlagen werden. Eines Tages (wofür jetzt, zumal in den nordischen Ländern, schon zuverlässige Zeichen sprechen und leuchten), eines Tages wird das Mädchen da sein und die Frau, deren Name nicht mehr nur einen Gegensatz zum Männlichen bedeuten wird, sondern etwas für sich, etwas, wobei man keine Ergänzung und Grenze denkt, nur an Leben und Dasein, –: der weibliche Mensch.

Dieser Fortschritt wird das Liebe-Erleben, das jetzt voll Irrung ist (sehr gegen den Willen der überholten Männer zunächst), verwandeln, von Grund aus verändern, zu einer Beziehung umbilden, die von Mensch zu Mensch gemeint ist, nicht mehr von Mann zu Weib. Und diese menschlichere Liebe (die unendlich rücksichtsvoll und leise, und gut und klar in Binden und Lösen sich vollziehen wird) wird jener ähneln, die wir ringend und mühsam vorbereiten, der Liebe, die darin besteht, daß zwei Einsamkeiten einander schützen, grenzen und grüßen.

Und das noch: Glauben Sie nicht, daß jene große Liebe, welche Ihnen, dem Knaben, einst auferlegt worden ist, verloren war; können Sie sagen, ob damals nicht große und gute Wünsche in Ihnen gereift sind und Vorsätze, von denen Sie heute noch leben? Ich glaube, daß jene Liebe so stark und mächtig in Ihrer Erinnerung bleibt, weil sie Ihr erstes tiefes Alleinsein war und die erste innere Arbeit, die Sie an Ihrem Leben getan haben. – Alle guten Wünsche für Sie, lieber Herr Kappus!

Ihr:

Rainer Maria Rilke

KA 4 (Briefe an einen jungen Dichter), 533–538

DIE LIEBENDE

Das ist mein Fenster. Eben
bin ich so sanft erwacht.
Ich dachte, ich würde schweben.
Bis wohin reicht mein Leben,
und wo beginnt die Nacht?

Ich könnte meinen, alles
wäre noch Ich ringsum;
durchsichtig wie eines Kristalles
Tiefe, verdunkelt, stumm.

Ich könnte auch noch die Sterne
fassen in mir; so groß
scheint mir mein Herz; so gerne
ließ es ihn wieder los

den ich vielleicht zu lieben,
vielleicht zu halten begann.
Fremd, wie niebeschrieben
sieht mich mein Schicksal an.

Was bin ich unter diese
Unendlichkeit gelegt,
duftend wie eine Wiese,
hin und her bewegt,

rufend zugleich und bange,
daß einer den Ruf vernimmt,
und zum Untergange
in einem Andern bestimmt.

KA 1 (Der Neuen Gedichte anderer Teil), 568

Qui les verra jamais, heureux, heureuse –
d'un franc accord se rendre au carrefour,
avant que la nécessité ne creuse
ces yeux de faim à l'imprudent amour.

Faut-il toujours répéter la souffrance
tant de fois soufferte jusqu'au bout.
Ô belles, à la première confidence,
arrêtez nous!

(Wer wird sie jemals, er glücklich, sie glücklich – sich in frei-
er Übereinstimmung zur Wegkreuzung begeben sehen, bevor
die Not diese Augen von Hunger nach unbesonnener Liebe
aushöhlt.

Muß man immer wiederholen das so oft bis ans Ende erlittene
Leiden. O ihr Schönen, beim ersten Geständnis, haltet ein!)

KA 5, 236 und 237

DAS TESTAMENT

> »Mais j'accuse surtout celui qui se
> comporte contre sa volonté.«
> Jean Moréas

(Im April)
Der Frühling, der sich in diesem Jahre so zeitig durchgesetzt
hat, daß die strahligen Löwenzähne schon zu Pustekugeln ver-
blüht sind und in den Wiesen das Schaumkraut steht –, ist mei-
ner Besinnung nie günstig gewesen; seine Kräfte haben nicht

die Richtung der Einkehr. Trotzdem mußte sie ja nun, nach so vielen ihr verlorenen Monaten, versucht werden, in der letzten Zeit dieses begünstigten Geborgenseins.

Da eben die Beziehungen zur Geliebten so weit beruhigt waren, daß ich voraussehen konnte, ich würde mir eine Weile mit ungeteilter Aufmerksamkeit gehören dürfen, entstand drüben am Ausgange des Parkes ein kleiner Bau, den ich für eine Scheune hielt und nicht weiter beachtete. Indessen, es wurde ein elektrisches Sägewerk daraus, und nun ist es schon seit zehn Tagen, unermüdlich surrend und schwirrend, im Gange. Meine Stille ist zerstört. Ich sehe, daß das, was ich vorhatte, nicht als eine Nachholung in vorletzter Stunde unternommen sein sollte, wie eine unter bösem Gewissen verspätete Schulaufgabe. Die Zeit des Wirkens ist vorüber. Nun spricht die Säge.

Wie genau doch das Gericht ist. Seltsam: ich merke, wie sehr mir das alles hier durch das Gehör gehört hat –, und aus dem ist es mir nun schon fortgenommen. Nachts, wenn ich aufwache, oder am späten Abend (denn man arbeitet lange dort in der Säge und fängt manchmal schon bald nach fünf Uhr morgens den geräuschvollen Werktag an) stellt er sich unbeschreiblich milde wieder her, jener weite reine Gehörraum, den ich lange habe bewohnen dürfen. Er fing eben an, von den kleinen Vogelstimmen »gemustert« zu sein; seine Mitte aber war immer noch die Fontäne, und ich liege nun in der Nacht und nehme Abschied von ihr. Dies wars, dies hätte mich ordnen müssen, in vielen vielen gleichmäßig horchenden Wochen. Wie begriff ichs sofort, wie nahm ichs auf, schon am ersten Tag: diese vielfältige Abwandlung ihres Niederfalls. Der mindeste Luftzug veränderte ihn, und wenn es ganz stille war um den plötzlich vereinsamten Strahl, so stürzte er in sich selber zurück und klang an sich selber an, ganz anders als über der Wasserfläche. Sprich, sagte ich zur Fontäne, und lauschte. Sprich, sagte ich, und mein ganzes Wesen gehorchte ihr. Sprich, du reine Begegnung des Leichten mit dem Schweren, du Leichtsinn des Gewichts, du Spielbaum, du Gleichnis unter den beladenen Mühebäumen, die sich sorgen in ihrer Rinde.

Und mit einer unwillkürlichen unschuldigen List meines Herzens, damit nichts sei als dies, von dem ich lernen wollte, zu sein, – setzte ich die Fontäne der Geliebten gleich, der fernen, sich verhaltenden, schweigenden.

Ach, wir waren einig, daß das Schweigen bestehen solle zwischen uns: es wäre das Gesetz dieses Winters gewesen, ein hartes gewaltiges –, aber dafür finge jetzt unsere Milde an, nicht nur die unsrige, die Mildigkeit des Getanen wäre in meinem Herzen. Vielleicht – die Notwendigkeit war so ungeheuer – wären wir stark genug gewesen zu schweigen, – nicht wir brachen es, der Mund des Schicksals ging auf und überschüttete uns mit Nachrichten. Denn die Liebe ist das eigentliche Klima des Schicksals; so weit sie auch ihre Bahn durch die Himmel spannt, ihre Milchstraße aus Milliarden Sternen des Bluts, das Land unter diesen Himmeln liegt trächtig von Verhängnissen. Nicht einmal die Götter, in den Verwandlungen ihrer Leidenschaften, waren mächtig genug die irdische Geliebte, die erschrockene, flüchtende, aus den Verstrickungen dieses fruchtbaren Bodens zu befreien.

Ist es Wahnsinn, was ich da schreibe? Warum handeln die Briefe der Liebenden nirgends von diesem Zwiespalt? Ach, ihre Sorgen sind andre. Immer sieht es so aus, als schwünge die Liebende den Geliebten höher, als er je sich selber zu werfen vermochte. Ihre Lust zu ihm macht ihn schöner und fähiger. Die Erwartung ihrer offenen Arme beschwingt seinen Wettlauf. Seine Leistung klärt sich in dem Kontur des Glücks, wo sie sonst ausfloß ins Trübe der Sehnsüchte hinüber. Nun erst, an ihrem Herzen, ward Arbeit stürmisch und süß für den mühenden Mann – und Ruhe unendlich. Jetzt erst löst sich der

Niederschlag seiner Knabennächte, die Angst, jetzt erst sieht er der Nacht auf den Grund.

Und wenn eine Störung ist in seiner Freude, so stammt sie aus Hindernissen, Erschwerungen oder Bedrohungen dieser Vereinigung; alle Not kommt in der einen Sorge zusammen: sich einander zu verlieren; und nirgends ist Zweifel, als in der Eifersucht.

Wie aber der, der schon wußte? Der, in dessen Herzen die Einsamkeit der Liebenden zuvorgekommen war? Von frühe an kannte er ihr reines Gesicht. Da er sich flüchtete aus den Familien-Ähnlichkeiten, die ihn umzingelten, Zug für Zug ein Anrecht auf ihn, da ward ihm ihr Antlitz zur Zukunft: durch ihre Augen schaute er ins Offene. Seine kleine Hand legte sich still in die ihre, die führte und nie in Besitz nahm. Heranwachsend gewahrte er nach und nach ihre hohe Gestalt –, damals trat sie zuweilen an ihn heran und prüfte ihn wie einen Wurfspeer. Und später warf sie ihn.

Ach, womit könnte die Liebende *den* überraschen, dem dies zum Bewußtsein ward und zu mehr als Erinnerung: diese Erwählung; die Lust des ausholenden Arms, das Geworfensein – oh, und das Zittern im Ziel.

Und doch wer hatte so wie dieser göttlich Gebrauchte, über den schon entschieden war, die Liebende gerühmt, die Geliebte ersehnt!

Es war, als hätte er von jener Bahn aus, die er mit der Kraft der Einsamkeit vollzog, ihre Gestalt vollkommener erkannt, als je einer vor ihm. Und aus diesem Wissen, das unendlich war, erwuchs ihm die unendliche Entbehrung.

Er floh vor ihr, indem er sie rief. Es drängte ihn irgendwie, ihr ausgesetzt zu bleiben, sie auszuhalten, sie zu überstehen. Denn war nicht ein Mangel in seinem Antrieb, der ganz gerecht werden sollte, solang er diese Fordernde fürchtete und vermied? Dieses Ausweichen seines Gefühls vor ihr, im letzten Moment, fälschte es nicht sein Fühlen überhaupt? War diese Angst vor dem Geliebtwerden, die aus den frühesten Leiden seiner Kindheit stammte und ihn nie verließ, eine Warnung, der er folgen mußte bis zuletzt, oder kam es darauf an, wie von einem ältesten Irrtum, von ihr geheilt zu sein?

Gab es jene Liebende, die kein Hindernis war, die ihn nicht verlangsamte und nicht ablenkte in die Aufenthalte der Liebe? Jene, die begriff, daß er weit über sie hinaus geworfen war, wenn er sie durchdrang? Die Selige, die seinem großen Geworfensein zustimmte, die nicht daran dachte, ihn zu entwenden und zu behalten in Heimlichkeit, und die nicht vorauslief, um wieder und wieder in seiner Bahn zu stehn? Die vielleicht schon Verlassene, die es darauf ankommen ließ, wie oft er noch würde durch sie durch geschleudert sein, in's Ziel, aus der Hand seiner Göttin? [...]

Erfahrungen des Gefühls, seltsame Erfahrungen des Gefühls aber, die sich viel später in jenem gewissen Erlebnis zusammengezogen haben, das ich – ganz ungefähr nur – unter dem Bilde des *revenant* begriff, bestreiten mir das Recht, in der Geliebten (so unendlich der Raum auch sei, den sie gewähre) aufzugehen. So sehr ich das Gesetz in dieser Bewältigung zugeben muß, mitten in ihr erschein ich mir zugleich unfrei und eigenmächtig. Mein tieferes Gewissen läßt mir keine Ruh, und die Angst, die mich zerstreut, ist nicht jene Kreaturangst der süßen Vernichtung, die aus der Liebesmitte stammt; es ist der Schreck einer Abtrünnigkeit, der mich immer wieder rüttelt, mir vorhaltend gleichsam, es stünde mir nicht zu, über meine Neigung zu verfügen: so als wäre das Vermögen meines Gefühls aufgeteilt und ich arm; als entzöge ich, geliebt und liebend, die längst vergebenen Anteile unbekannten, schon davon zehrenden Erben. Irgendwo in den Weiten meines Gefühlsraums entsteht ein Beunruhigtsein, ein Unwillen; Klagen, die ich nicht verstehe, wehen herüber, Drohungen erheben sich in meinem Wesen: ich bin nicht mehr einig mit mir.

Diese Einigkeit aber, unerklärlich, wie sie ist, ist das Gericht, vor dem ich stand seit meiner Kindheit. Ja, ich lebe in dem Raume, in dem meine verhüllten Richter rechtsprechen, vor ihren Gugel-Augen –: ich habe ihn nie verlassen.

Mein Leben ist eine besondere Art Liebe, und sie ist schon getan. Gleichwie das Lieben des heiligen Georg das Drachentöten ist, eine während Handlung, die die Zeiten ausfüllt bis ans Ende, so sind auch die Aufwände meines Herzens schon verwendet und verwandelt in ein endgültiges Geschehn. In seine Mitte werd ich manchmal hineingehoben: ein Bild des Vollzugs.

(Der Platz der Prinzessin aber ist abseits. Sie betet, daß es gelänge. Sie kniet.)

Glaube nicht, Künstler, daß deine Prüfung in der Arbeit sei. Du bist nicht, wofür du dich giebst und als den der oder jener dich nehmen mag, weil er's nicht besser weiß, solang sie dir nicht so ganz Natur geworden ist, daß du gar nicht anders *kannst*, als dich bewähren in ihr. So arbeitend bist du der meisterhaft geworfene Speer: Gesetze empfangen dich aus der Hand der Werferin und stürzen mit dir ins Ziel –. Was wäre gesicherter als dein Flug?

Deine Prüfung aber sei, daß du nicht immer geworfen bist. Daß die Speerspielerin Einsamkeit dich nicht wählt, lange nicht, daß sie dich vergißt. Das ist die Zeit der Versuchungen, wenn du dich ungebraucht, unfähig fühlst. (Als ob es nicht genügend Beschäftigung wäre, bereit zu sein!) Dann, wenn du nicht sehr schwer daliegst, üben sich die Zerstreuungen an dir und versuchen, wie du anders zu verwenden sein möchtest. Als Stab eines Blinden, als eine unter den Stangen eines Gitters oder als der Gleichgewichtsstock eines Seiltänzers. Oder sie sinds imstand und pflanzen dich ein ins Erdreich des Schicksals, daß dir das Wunder der Jahreszeiten geschähe und du triebest vielleicht kleine grüne Blätter des Glücks ...

Oh dann, eherner: liege schwer.

Sei Speer. Sei Speer. Sei Speer!

Dieses Spiel von Zusage und Weigerung, bei dem viel zu verlieren ist und viel zu gewinnen, macht für die meisten den »Zeitvertreib« des Lebens aus und erhält ihre Antriebe.

Der Künstler gehört zu denen, die mit einer einzigen unzurücknehmlichen Zustimmung auf Gewinn und Verlust verzichtet haben: denn beide giebt es nicht mehr im Gesetz, im Gebiete des reinen Gehorsams.

Dieses endgültige freie Jasagen zur Welt rückt das Herz auf eine andere Ebene des Erlebens. Seine Wahlkugeln heißen nicht mehr Glück und Unglück, seine Pole sind nicht bezeichnet mit Leben und Tod. Sein Maß ist nicht die Spanne zwischen den Gegensätzen.

Wer denkt noch, daß die Kunst das Schöne darstelle, das ein Gegenteil habe; (dieses kleine »schön« stammt aus dem Begriffe des Geschmacks). Sie ist die Leidenschaft zum Ganzen. Ihr Ergebnis: Gleichmut und Gleichgewicht des Vollzähligen.

[Wenn ich der Liebenden nicht widerstand, so wars, weil von allen Bemächtigungen eines Menschen über den anderen, die ihre allein, ihre unaufhaltsame, mir im Recht zu sein schien. Ausgesetzt wie ich bin, wollte ich auch sie nicht *vermeiden*; aber ich sehnte mich, sie zu durchdringen! Daß sie mir Fenster sei in den erweiterten Weltraum des Daseins ... (nicht Spiegel.)]

[...]

Askese freilich ist kein Ausweg; sie ist Sinnlichkeit mit negativem Vorzeichen. Dem Heiligen mag sie wie eine Hülfskonstruktion, zustatten kommen; in dem Durchschnittspunkt seiner Entsagungen gewahrt er jenen Gott des Gegensatzes, den Gott des Unsichtbaren, der noch nicht geschaffen hat.

Wer aber in die Sinne verpflichtet ist, Erscheinung für rein und Gestalt für wahr zu halten hat auf Erden, wie dürfte der mit der Absage beginnen! Und selbst wenn sie sich ihm erst hülfreich und nützlich erwiese, bei ihm bliebe sie Betrug, List, Erschleichung –, und zum Schlusse rächte sie sich irgendwo im Kontur seines Werks, als Härte, als Dürre, als Unzugiebigkeit, als Feigheit der Frucht.

[...]

Es ist gegen das Geheimnis meines Lebens.

Indem die Geliebte alles Ereignis gegen sich zu abzieht, werd ich unwahr in mir; denn nun scheint ihr, in der fortwährenden Strömung, auch *das* zuzutreiben, worüber ich nicht verfügen darf. Teils hat ihr Wille schuld, teils geschieht diese Bemächtigung durch ihr bloßes Dasein. Sie hat die Landschaft im Gemüte des Liebenden umgewandelt und bewohnt eine tiefste Stelle darin –: das Tal, zu dem alles abfließt.

Die Säge schafft seit frühem Morgen. Mein Schauen, überlebend gleichsam, umfaßt noch, wehmütig, diese im Anschein heile Umgebung, deren Abbruch fortwährend im Gehör geschieht. So hat man zuweilen von Sterbenden erzählt, daß ihnen die Welt nicht aus allen Sinnen gleichzeitig fortgenommen wird. Ihr Schmecken vermag nichts mehr, ihr Tasten ist stumpf geworden, ihr Ohr versagt. Aber sie schauen noch. Es gelingt ihnen sogar, noch eine langsame Wendung des Kopfes in den Kissen zu vollziehen, dann und wann, wenn wieder ein wenig Kraft beisammen ist, um den Rahmen des Blicks über einen anderen Bildausschnitt zu legen. Es ist gewiß eine Erleichterung, schließlich nur noch mittels *eines* Sinnes Abschied zu nehmen.

Ohne das Eingreifen des Sägewerks da drüben, hätte ich diesem Allem hier bis zuletzt angehangen, ohne ihm doch jenen Ertrag abzuringen, für den es zu spät war. Ich hätte mich gewiß nicht entschlossen, eine solche langsame Einsicht anzutreten, wie ich sie jetzt Tag für Tag vollziehe, und mit dem Ruck des Fortgehens hätte ich endlich an die Verzweiflung über das Nichtgeleistete gerührt und sie wäre, in einem einzigen Block, furchtbar herabgestürzt. Ich weiß nicht, was mir damit geschehen wäre, aber ich fürchte, die Gestalt der Geliebten in mir wäre wie unter einem Bergsturz verschüttet worden.

Ist es mein Fortschritt in alledem (man sehe es nachsichtig an, daß ich nach einem suche, während ich verurteilt bin, mir so Schweres bewußt zu machen) ist es mein Fortschritt, daß es mir gelingt, über dem Haupt der Geliebten in schmerzhafter Arbeit das Felsstück fortzumeißeln, das mit seinem Fall ihr reines Dastehn zertrümmert hätte? (Wohin weht sein Steinstaub? Wer atmet ihn? Ach, die Schuld ist nicht aus der Welt.) Aber *sie* soll mir schuldlos sein, die Liebende. Und auch dies ist vielleicht für einen Fortschritt zu halten (als könnt ich mich nur mit »Fort-Schritten« entfernen vom Schauplatz des Verlusts!), auch dies, daß ich diesen Zwiespalt nicht länger einen zwischen Arbeit und Liebe aufgesprungenen nenne, er klafft *in* meiner Liebe selbst, da ja, wie ich nun ein für alle Mal erfuhr, meine Arbeit Liebe ist. Welche Vereinfachung! Und nun ist dies, in der Tat, soweit ich sehe, der einzige Konflikt meines Lebens. Alles andere sind Aufgaben.

[...]

(Briefentwurf)

Solange es so zwischen uns steht, weiß ich nicht zu leben – denn ich bin gleich unfähig dazu, wenn ich Dich durch meine Schuld unglücklich weiß, wie wenn ich Dich in *der* Weise, wie Du es nun von mir erwartest, glücklich mache. Wär ich doch in jedem Moment ganz rücksichtslos gewesen, nach der Freiheit meiner Liebe! Es giebt kein ärgeres Gefängnis als die Furcht, einem Liebenden weh zu tun. Sie fälscht alle Antriebe des Herzens, ohne sie wäre es nicht so weit gekommen, daß ich jedes Alleinsein bei unserem Glück erbitten muß, wie eine besondere Ausnahme. *Mein Alleinsein,* dieses Eigentümlichste meines Daseins: nun erscheint es wie eine Flucht aus unserer Liebe –, und wie sollte es nicht, immer, von vornherein durch Deinen Wunsch belastet sein, daß es nicht lange dauern möge? Und dann: wie willst Du ein anderes Mal die Kraft haben, was aus den Enklaven unseres Glücks nach- und hinüberwirkt, von meiner Zurückgezogenheit abzuhalten?

Soll ich mich für immer unglücklich nennen (ach, und was schlimmer ist: Unglück verursachend im beglückendsten Herzen!) weil ich die Liebe nicht so leicht nehmen kann, um aus ihr nur eben eine Steigerung meiner Fähigkeiten herauszuschlagen? Ich habe nie viel von denen gehalten, die der Verliebung bedurften, um im Geiste angetrieben zu sein, wie sollte ich auf diesen Anlaß rechnen, da ja die Arbeit selber so unendlich viel mehr Liebe ist, als der Einzelne in einem bewegen kann. Sie ist *alle* Liebe.

Und so erscheint mir diese Ergriffenheit zur Geliebten als ein Einzelfall der Liebe, der nichts erspart oder erleichtert, – im Gegenteil, in seiner Ungelöstheit die vollkommenste Leistung verlangt, um ertragen, erkannt und in allen seinen Forderungen erfüllt zu sein.

Sag, sag, – sprech ich mit diesem, was zu erleiden mir so seltsam aufgetragen scheint, eine Ausnahme, vielleicht eine Verwirrung meiner Natur aus? Selten ist dergleichen beklagt worden. Sei es, daß die Aufmerksamkeit der Meisten über den Genuß und die Eifersucht nicht hinausreicht, sei es, daß, was in einzelnen Fällen meiner Art zu erleiden blieb, immer zum Namenlosen, Unaussäglichen gerechnet worden war.

Sie sind nicht zahlreich, jene, deren Herzwurf in den Umarmungen nicht zu Ende ist; verfolgten sie ihn weiter, – sie sähen vielleicht, wie seine Kurve jenseits eine merkwürdige Beschleunigung annimmt, die der Ungeduld, es möchte auch dieses Glück schon überstanden sein. Und darüber hinaus verläuft sie ins Grenzenlose und bedeutet – weißt Du was? – Weg und Sehnsucht derer, die nicht aufhören zu gehen – der russischen Pilger und jener bedouinischen Nomaden, die es treibt und treibt an ihrem Stabe aus Ölbaumholz …

Wohnen in den Umarmungen kann nur der, der auch in ihnen sterben darf; jeder wählt sich sein Bleiben nach dem Geschmack (laß mich das so leichtsinnig sinnlich ausdrücken) seines Todes. Was jene Männer hinausdrängt in ihr zielloses Gehen, in die Steppe, in die Wüste –, das ist das Gefühl, daß ihr Tod sich nicht gefiele in ihrem Haus, daß er nicht Platz hat darin.

Eine schwedische Freundin, die einen Winter allein am Rande der Wüste gelebt hatte, schrieb mir:

»… … Landschaften von solcher Größe, daß man könnte nach dem Tode dort Raum genug haben. Wenigstens für einige Zeit –.«

[…]

Das Prinzip meiner Arbeit ist eine leidenschaftliche Unterwerfung unter den Gegenstand, der mich beschäftigt, dem, mit anderen Worten, meine Liebe gehört.

Die Umkehr dieser Unterwerfung geschieht schließlich, mir

selber unerwartet, in dem plötzlich in mir aufkommenden schöpferischen Akt, in dem ich ebenso schuldlos handelnd und überwindend bin, wie ich in jener vorhergehenden Phase rein und unschuldig unterworfen war.

Vielleicht wird für ein in solchen Verhältnissen sich leistendes Herz das Geliebtwerden immer zum Verhängnis. Es unterwirft sich, seiner Übung nach, auch unter den Liebenden, den es ja nicht zu gestalten hat, den es aber nun durch seine unendliche Nachgebung, zu immer neuen Bemächtigungen verlockt. Und die Umkehr, die in diesem Falle einfach die Liebe zum Liebenden wäre – fast möchte man sagen, wider ihn – kann sich nie ganz auswirken gegen sein Überhandnehmen …

So erscheint das Liebeserlebnis als eine gleichsam verkümmerte, unfähige Nebenform der schöpferischen Erfahrung, als ihre Herabsetzung, – und bleibt ungekonnt, unbeherrscht und, an der höheren Ordnung jenes Gelingens gemessen, unerlaubt.

[…]

Jenes Alleinsein, in dem ich mich seit zwanzig Jahren befestigt habe, darf nicht zu einer Ausnahme werden, »zum Urlaub«, den ich mir, unter vielen Rechtfertigungen, bei einem überwachenden Glück ausbitten müßte. Ich muß grenzenlos in ihm leben. Es muß das Grundbewußtsein bleiben, in das ich immer zurückkehren kann, nicht in der Absicht, ihm jetzt, rasch, einen bestimmten Gewinn abzuringen, nicht in der Erwartung, als müsse es mir fruchtbar sein; sondern unwillkürlich, unbetont, schuldlos: als zu dem Orte, an den ich gehöre.

Was für Kräfte haben sich verabredet, in meinem Herzen zusammenzutreffen? …

Sie ziehen sich zurück, wenn sie es bewohnt finden.
Einer, ach, der Geliebtsein und Lieben für nichts rechnen darf
in den wirklichen Abschlüssen seines Herzens.
[...]

Streben und Widerstreben: wie bin ich es müde. Wo ist das
Herz, das nicht ein eigensinniges Glück bei mir »bestellte«,
sondern es mir überließe, ihm *das* zu bereiten, das unerschöpf-
lich aus mir hervorginge?
Aber darüber giebt es keine Verständigung. Ach, daß die Kämp-
fe vorüber wären! Daß es heißen dürfte, wie dort im letzten
Leis des Girard de Roussillon:
>>Les guerres sont finies et les
œuvres commencent.<<
[...]

Diese Tage gehören zu den schwersten .... Die Unlust des
Nichtgeleisteten greift nun auch, wie ein Rost, meinen Kör-
per an, sogar der Schlaf versagt seine Linderung –, ins halbe
Wachbleiben hinein schlagen die Pulse an den Schläfen wie
schwere Schritte, die nicht zu Ruhe kommen.
Dürft ich Dich rufen ..., aber gerade damit wäre ja mein letztes
zerstört –: dieses Gericht, an dem ich mich erkenne. Du hast
es selbst geschrieben neulich, ich gehörte nicht zu denen, die
durch Liebe tröstbar sind. So ist es. Denn was, am Ende, wäre
mir unbrauchbarer, als ein getröstetes Leben?
[...]

Manchmal in der unaufhörlich prüfenden Not dieser Tage
überrascht mich etwas wie der vorauseilende Schein einer neu-

en geistigen Freude: als ob doch Alles einfacher geworden sei und ein unsägliches Schicksal in Annäherungswerten sich faßlicher mache. Denn ist es schließlich nicht dies (wenn man es aussprechen soll): daß Helle und Dunkelheit in meinem Inneren nicht durch eines Menschen überwiegenden Einfluß bestimmt werden dürfen, sondern allein durch ein Namenloses. Dies ist, sozusagen, das Mindestmaß meiner Frömmigkeit: es aufgebend, müßte ich hinter den ersten Kreuzweg meines Lebens zurück –, hinter seine früheste stillste freieste Entscheidung. Hinter mich selbst.

(Briefentwurf)

Schloß B …, ohne Datum:
immer.

Wem, Geliebte, wem, wenn nicht Dir, soll ich diesen schweren Abschluß meines Herzens anvertrauen? Wenn er Dich in Not versetzt, bedenke, wie groß die Not sein muß, aus der hinaus ich das Folgende aufschreibe.

Ich habe Unrecht getan; Verrat. Ich habe die Umstände, die mir nach sechs Jahren der Zerstörung und Hinderung mit B … geboten waren, nicht ausgenutzt für die unaufschiebbare innere Aufgabe; sie ist mir vom Schicksal unter den Händen entwunden worden. Das muß ich mir nun eingestehen.

Du weißt, Liebe, wie mir jene Umstände, vom Zufälligsten bis ins Wesentlichste, zusagten, wie entschlossen ich sie antrat. Du wolltest das Deine tun, sie mir zu schützen: es ist uns nicht gelungen.

[...]

Du weißt, wie es weiterging; Du weißt alles, ich habe nichts zu erzählen.

[...]

Bald waren es gute, ja selige Zeichen, bald Bedrängnisse und Verzweiflungen, die zu mir herüberwirkten, – die Erschütterungen nahmen kein Ende, Du konntest sie nicht verhüten. (Was halfs, daß ich wußte, ich dürfe nur noch in meiner Arbeit beglückt und erschüttert sein!)

Und auch später, auch jetzt, auch in diesen letzten Wochen, ich brachte es nicht zu jenem Bewußtsein meiner natürlichen Einsamkeit, aus dem heraus allein ich meiner mächtig werden kann. Mein Herz war aus der Mitte seiner Kreise hinausgerückt, an die Peripherie, dorthin, wo es Dir am nächsten war –, dort mag es groß sein, fühlend, jubelnd oder beängstigt, – es ist nicht in *seiner* Konstellation, es ist nicht das Herz meines Lebens.

In unserer süßesten und vielleicht gerechtesten Stunde, Geliebte, hast Du mir versichert, daß Du nun alle Arten der Liebe zu mir fassen könntest. Ach, nimm Dich zusammen, ..., zu jener, wie sie nun heißen mag, die mir *mein* Leben gewährt, die es mir womöglich bestärkt. Ich kann nicht los von mir. Denn, wenn ich alles alles Meinige aufgäbe und, wie ich es manchmal ersehne, blindlings in Deine Arme überginge, mich darin verlöre –, so hieltest Du ja eben einen, der sich aufgegeben hat: nicht mich, nicht mich.

Ich kann mich nicht verstellen und nicht ändern. Genau wie in meiner Kindheit vor der gewaltsamen Liebe meines Vaters, so knie ich auch jetzt in der Welt und bitte die, die mich lieben, um Schonung. Ja, daß sie mich schonen! Daß sie mich nicht verbrauchen für ihr Glück, sondern mir beistehen, jenes tiefste einsame Glück in mir zu entfalten, ohne dessen Große Beweise sie mich doch am Ende nicht würden geliebt haben.

....

KA 4 (Das Testament), 715-734

Wie prächtig ist es jetzt bei mir geworden. [...] Alles bei mir [...] war vorbereitet, den Herbst zu empfangen, mit dem Sie mich überrascht und beschenkt haben. Für jedes Stück Ihres reichen Herbstes war schon ein Platz bestimmt, vorbestimmt von der Fürsehung. Auch für die Kastanienkette. Nur hängt sie bei mir nicht immer an der Wand, sondern ich hole sie manchmal und lasse sie wie einen Rosenkranz (Sie kennen doch diese katholischen Gebetsketten?) durch die Finger gleiten. Man muß bei jeder Kugel solcher Rosenkränze ein bestimmtes Gebet wiederholen; ich ahme dieser frommen Regel nach, indem ich bei jeder Kastanie etwas Liebes denke, das sich auf Sie und Clara Westhoff bezieht. Da erweist es sich nur, daß der Kastanien zu wenig sind. [...]
Ich habe Sehnsucht, Freundin. Leben Sie wohl.

Ihr Rainer Maria

Rilke an Paula [Modersohn-]Becker, 5. 11. 1900, RMR/PMB, 19-20

REQUIEM
FÜR EINE FREUNDIN

Geschrieben am 31. Oktober,
1. und 2. November 1908 in Paris

Ich habe Tote, und ich ließ sie hin
und war erstaunt, sie so getrost zu sehn,
so rasch zuhaus im Totsein, so gerecht,
so anders als ihr Ruf. Nur du, du kehrst
zurück; du streifst mich, du gehst um, du willst
an etwas stoßen, daß es klingt von dir
und dich verrät. O nimm mir nicht, was ich

langsam erlern. Ich habe recht; du irrst
wenn du gerührt zu irgend einem Ding
ein Heimweh hast. Wir wandeln dieses um;
es ist nicht hier, wir spiegeln es herein
aus unserm Sein, sobald wir es erkennen.

       Ich glaubte dich viel weiter. Mich verwirrts,
daß *du* gerade irrst und kommst, die mehr
verwandelt hat als irgend eine Frau.
Daß wir erschraken, da du starbst, nein, daß
dein starker Tod uns dunkel unterbrach,
das Bisdahin abreißend vom Seither:
das geht uns an; das einzuordnen wird
die Arbeit sein, die wir mit allem tun.
Doch daß du selbst erschrakst und auch noch jetzt
den Schrecken hast, wo Schrecken nicht mehr gilt;
daß du von deiner Ewigkeit ein Stück
verlierst und hier hereintrittst, Freundin, hier,
wo alles noch nicht *ist;* daß du zerstreut,
zum ersten Mal im All zerstreut und halb,
den Aufgang der unendlichen Naturen
nicht so ergriffst wie hier ein jedes Ding;
daß aus dem Kreislauf, der dich schon empfing,
die stumme Schwerkraft irgend einer Unruh
dich niederzieht zur abgezählten Zeit —:
dies weckt mich nachts oft wie ein Dieb, der einbricht.
Und dürft ich sagen, daß du nur geruhst,
daß du aus Großmut kommst, aus Überfülle,
weil du so sicher bist, so in dir selbst,
daß du herumgehst wie ein Kind, nicht bange
vor Örtern, wo man einem etwas tut —:
doch nein: du bittest. Dieses geht mir so
bis ins Gebein und querrt wie eine Säge.
Ein Vorwurf, den du trügest als Gespenst,

nachträgest mir, wenn ich mich nachts zurückzieh
in meine Lunge, in die Eingeweide,
in meines Herzens letzte ärmste Kammer, –
ein solcher Vorwurf wäre nicht so grausam,
wie dieses Bitten ist. Was bittest du?

      Sag, soll ich reisen? Hast du irgendwo
ein Ding zurückgelassen, das sich quält
und das dir nachwill? Soll ich in ein Land,
das du nicht sahst, obwohl es dir verwandt
war wie die andre Hälfte deiner Sinne?

      Ich will auf seinen Flüssen fahren, will
an Land gehn und nach alten Sitten fragen,
will mit den Frauen in den Türen sprechen
und zusehn, wenn sie ihre Kinder rufen.
Ich will mir merken, wie sie dort die Landschaft
umnehmen draußen bei der alten Arbeit
der Wiesen und der Felder; will begehren,
vor ihren König hingeführt zu sein,
und will die Priester durch Bestechung reizen,
daß sie mich legen vor das stärkste Standbild
und fortgehn und die Tempeltore schließen.
Dann aber will ich, wenn ich vieles weiß,
einfach die Tiere anschaun, daß ein Etwas
von ihrer Wendung mir in die Gelenke
herübergleitet; will ein kurzes Dasein
in ihren Augen haben, die mich halten
und langsam lassen, ruhig, ohne Urteil.
Ich will mir von den Gärtnern viele Blumen
hersagen lassen, daß ich in den Scherben
der schönen Eigennamen einen Rest
herüberbringe von den hundert Düften.
Und Früchte will ich kaufen, Früchte, drin
das Land noch einmal ist, bis an den Himmel.

Denn Das verstandest du: die vollen Früchte.
Die legtest du auf Schalen vor dich hin
und wogst mit Farben ihre Schwere auf.
Und so wie Früchte sahst du auch die Fraun
und sahst die Kinder so, von innen her
getrieben in die Formen ihres Daseins.
Und sahst dich selbst zuletzt wie eine Frucht,
nahmst dich heraus aus deinen Kleidern, trugst
dich vor den Spiegel, ließest dich hinein
bis auf dein Schauen; das blieb groß davor
und sagte nicht: das bin ich; nein: dies ist.
So ohne Neugier war zuletzt dein Schaun
und so besitzlos, von so wahrer Armut,
daß es dich selbst nicht mehr begehrte: heilig.

So will ich dich behalten, wie du dich
hinstelltest in den Spiegel, tief hinein
und fort von allem. Warum kommst du anders?
Was widerrufst du dich? Was willst du mir
einreden, daß in jenen Bernsteinkugeln
um deinen Hals noch etwas Schwere war
von jener Schwere, wie sie nie im Jenseits
beruhigter Bilder ist; was zeigst du mir
in deiner Haltung eine böse Ahnung;
was heißt dich die Konturen deines Leibes
auslegen wie die Linien einer Hand,
daß ich sie nicht mehr sehn kann ohne Schicksal?

Komm her ins Kerzenlicht. Ich bin nicht bang,
die Toten anzuschauen. Wenn sie kommen,
so haben sie ein Recht, in unserm Blick
sich aufzuhalten, wie die andern Dinge.

Komm her; wir wollen eine Weile still sein.
Sieh diese Rose an auf meinem Schreibtisch;
ist nicht das Licht um sie genau so zaghaft

wie über dir: sie dürfte auch nicht hier sein.
Im Garten draußen, unvermischt mit mir,
hätte sie bleiben müssen oder hingehn, –
nun währt sie so: was ist ihr mein Bewußtsein?

Erschrick nicht, wenn ich jetzt begreife, ach,
da steigt es in mir auf: ich kann nicht anders,
ich muß begreifen, und wenn ich dran stürbe.
Begreifen, daß du hier bist. Ich begreife.
Ganz wie ein Blinder rings ein Ding begreift,
fühl ich dein Los und weiß ihm keinen Namen.
Laß uns zusammen klagen, daß dich einer
aus deinem Spiegel nahm. Kannst du noch weinen?
Du kannst nicht. Deiner Tränen Kraft und Andrang
hast du verwandelt in dein reifes Anschaun
und warst dabei, jeglichen Saft in dir
so umzusetzen in ein starkes Dasein,
das steigt und kreist, im Gleichgewicht und blindlings.
Da riß ein Zufall dich, dein letzter Zufall
riß dich zurück aus deinem fernsten Fortschritt
in eine Welt zurück, wo Säfte *wollen*.
Riß dich nicht ganz; riß nur ein Stück zuerst,
doch als um dieses Stück von Tag zu Tag
die Wirklichkeit so zunahm, daß es schwer ward,
da brauchtest du dich ganz: da gingst du hin
und brachst in Brocken dich aus dem Gesetz
mühsam heraus, weil du dich brauchtest. Da
trugst du dich ab und grubst aus deines Herzens
nachtwarmem Erdreich die noch grünen Samen,
daraus dein Tod aufkeimen sollte: deiner,
dein eigner Tod zu deinem eignen Leben.
Und aßest sie, die Körner deines Todes,
wie alle andern, aßest seine Körner,

und hattest Nachgeschmack in dir von Süße,
die du nicht meintest, hattest süße Lippen,
du: die schon innen in den Sinnen süß war.

    O laß uns klagen. Weißt du, wie dein Blut
aus einem Kreisen ohnegleichen zögernd
und ungern wiederkam, da du es abriefst?
Wie es verwirrt des Leibes kleinen Kreislauf
noch einmal aufnahm; wie es voller Mißtraun
und Staunen eintrat in den Mutterkuchen
und von dem weiten Rückweg plötzlich müd war.
Du triebst es an, du stießest es nach vorn,
du zerrtest es zur Feuerstelle, wie
man eine Herde Tiere zerrt zum Opfer;
und wolltest noch, es sollte dabei froh sein.
Und du erzwangst es schließlich: es war froh
und lief herbei und gab sich hin. Dir schien,
weil du gewohnt warst an die andern Maße,
es wäre nur für eine Weile; aber
nun warst du in der Zeit, und Zeit ist lang.
Und Zeit geht hin, und Zeit nimmt zu, und Zeit
ist wie ein Rückfall einer langen Krankheit.

    Wie war dein Leben kurz, wenn du's vergleichst
mit jenen Stunden, da du saßest und
die vielen Kräfte deiner vielen Zukunft
schweigend herabbogst zu dem neuen Kindkeim,
der wieder Schicksal war. O wehe Arbeit.
O Arbeit über alle Kraft. Du tatest
sie Tag für Tag, du schlepptest dich zu ihr
und zogst den schönen Einschlag aus dem Webstuhl
und brauchtest alle deine Fäden anders.
Und endlich hattest du noch Mut zum Fest.

    Denn da's getan war, wolltest du belohnt sein,
wie Kinder, wenn sie bittersüßen Tee

getrunken haben, der vielleicht gesund macht.
So lohntest du dich: denn von jedem andern
warst du zu weit, auch jetzt noch; keiner hätte
ausdenken können, welcher Lohn dir wohltut.
Du wußtest es. Du saßest auf im Kindbett,
und vor dir stand ein Spiegel, der dir alles
ganz wiedergab. Nun war das alles *Du*
und ganz *davor*, und drinnen war nur Täuschung,
die schöne Täuschung jeder Frau, die gern
Schmuck umnimmt und das Haar kämmt und verändert.

    So starbst du, wie die Frauen früher starben,
altmodisch starbst du in dem warmen Hause
den Tod der Wöchnerinnen, welche wieder
sich schließen wollen und es nicht mehr können,
weil jenes Dunkel, das sie mitgebaren,
noch einmal wiederkommt und drängt und eintritt.

    Ob man nicht dennoch hätte Klagefrauen
auftreiben müssen? Weiber, welche weinen
für Geld, und die man so bezahlen kann,
daß sie die Nacht durch heulen, wenn es still wird.
Gebräuche her! wir haben nicht genug
Gebräuche. Alles geht und wird verredet.
So mußt du kommen, tot, und hier mit mir
Klagen nachholen. Hörst du, daß ich klage?
Ich möchte meine Stimme wie ein Tuch
hinwerfen über deines Todes Scherben
und zerrn an ihr, bis sie in Fetzen geht,
und alles, was ich sage, müßte so
zerlumpt in dieser Stimme gehn und frieren;
blieb es beim Klagen. Doch jetzt klag ich an:
den Einen nicht, der dich aus dir zurückzog,

(ich find ihn nicht heraus, er ist wie alle)
doch alle klag ich in ihm an: den Mann.

     Wenn irgendwo ein Kindgewesensein
tief in mir aufsteigt, das ich noch nicht kenne,
vielleicht das reinste Kindsein meiner Kindheit:
ich wills nicht wissen. Einen Engel will
ich daraus bilden ohne hinzusehn
und will ihn werfen in die erste Reihe
schreiender Engel, welche Gott erinnern.

     Denn dieses Leiden dauert schon zu lang,
und keiner kanns; es ist zu schwer für uns,
das wirre Leiden von der falschen Liebe,
die, bauend auf Verjährung wie Gewohnheit,
ein Recht sich nennt und wuchert aus dem Unrecht.
Wo ist ein Mann, der Recht hat auf Besitz?
Wer kann besitzen, was sich selbst nicht hält,
was sich von Zeit zu Zeit nur selig auffängt
und wieder hinwirft wie ein Kind den Ball.
Sowenig wie der Feldherr eine Nike
festhalten kann am Vorderbug des Schiffes,
wenn das geheime Leichtsein ihrer Gottheit
sie plötzlich weghebt in den hellen Meerwind:
so wenig kann einer von uns die Frau
anrufen, die uns nicht mehr sieht und die
auf einem schmalen Streifen ihres Daseins
wie durch ein Wunder fortgeht, ohne Unfall:
er hätte denn Beruf und Lust zur Schuld.

     Denn *das* ist Schuld, wenn irgendeines Schuld ist:
die Freiheit eines Lieben nicht vermehren
um alle Freiheit, die man in sich aufbringt.
Wir haben, wo wir lieben, ja nur dies:
einander lassen; denn daß wir uns halten,
das fällt uns leicht und ist nicht erst zu lernen.

Bist du noch da? In welcher Ecke bist du? –
Du hast so viel gewußt von alledem
und hast so viel gekonnt, da du so hingingst
für alles offen, wie ein Tag, der anbricht.
Die Frauen leiden: lieben heißt allein sein,
und Künstler ahnen manchmal in der Arbeit,
daß sie verwandeln müssen, wo sie lieben.
Beides begannst du; beides ist in Dem,
was jetzt ein Ruhm entstellt, der es dir fortnimmt.
Ach du warst weit von jedem Ruhm. Du warst
unscheinbar; hattest leise deine Schönheit
hineingenommen, wie man eine Fahne
einzieht am grauen Morgen eines Werktags,
und wolltest nichts, als eine lange Arbeit, –
die nicht getan ist: dennoch nicht getan.

      Wenn du noch da bist, wenn in diesem Dunkel
noch eine Stelle ist, an der dein Geist
empfindlich mitschwingt auf den flachen Schallwelln,
die eine Stimme, einsam in der Nacht,
aufregt in eines hohen Zimmers Strömung:
So hör mich: Hilf mir. Sieh, wir gleiten so,
nicht wissend wann, zurück aus unserm Fortschritt
in irgendwas, was wir nicht meinen; drin
wir uns verfangen wie in einem Traum
und drin wir sterben, ohne zu erwachen.
Keiner ist weiter. Jedem, der sein Blut
hinaufhob in ein Werk, das lange wird,
kann es geschehen, daß ers nicht mehr hochhält
und daß es geht nach seiner Schwere, wertlos.
Denn irgendwo ist eine alte Feindschaft
zwischen dem Leben und der großen Arbeit.
Daß ich sie einseh und sie sage: hilf mir.

      Komm nicht zurück. Wenn du's erträgst, so sei

tot bei den Toten. Tote sind beschäftigt.
Doch hilf mir so, daß es dich nicht zerstreut,
wie mir das Fernste manchmal hilft: in mir.

KA 1, 414-421

O und die Nacht, die Nacht, wenn der Wind voller Weltraum
uns am Angesicht zehrt –, wem bliebe sie nicht, die ersehnte,
sanft enttäuschende, welche dem einzelnen Herzen
mühsam bevorsteht. Ist sie den Liebenden leichter?
Ach, sie verdecken sich nur miteinander ihr Los.
Weißt du's n o c h nicht? Wirf aus den Armen die Leere
zu den Räumen hinzu, die wir atmen; vielleicht daß die Vögel
die erweiterte Luft fühlen mit innigerm Flug.

Ja, die Frühlinge brauchten dich wohl. Es muteten manche
Sterne dir zu, daß du sie spürtest. Es hob
sich eine Woge heran im Vergangenen, oder
da du vorüberkamst am geöffneten Fenster,
gab eine Geige sich hin. Das alles war Auftrag.
Aber bewältigtest du's? Warst du nicht immer
noch von Erwartung zerstreut, als kündigte alles
eine Geliebte dir an? (Wo willst du sie bergen,
da doch die großen fremden Gedanken bei dir
aus und ein gehn und öfters bleiben bei Nacht.)
Sehnt es dich aber, so singe die Liebenden; lange
noch nicht unsterblich genug ist ihr berühmtes Gefühl.
Jene, du neidest sie fast, Verlassenen, die du
so viel liebender fandst als die Gestillten. Beginn'
immer von neuem die nie zu erreichende Preisung;
denk: es erhält sich der Held, selbst der Untergang war ihm

nur ein Vorwand, zu sein: seine letzte Geburt.
Aber die Liebenden nimmt die erschöpfte Natur
in sich zurück, als wären nicht zweimal die Kräfte,
dieses zu leisten. Hast du der Gaspara Stampa
denn genügend gedacht, daß irgendein Mädchen,
dem der Geliebte entging, am gesteigerten Beispiel
dieser Liebenden fühlt: daß ich würde wie sie?
Sollen nicht endlich uns diese ältesten Schmerzen
fruchtbarer werden? Ist es nicht Zeit, daß wir liebend
uns vom Geliebten befrein und es bebend bestehn:
wie der Pfeil die Sehne besteht, um gesammelt im Absprung
mehr zu sein als er selbst. Denn Bleiben ist nirgends.

DE (aus der ersten Elegie), 7-8

Liebende könnten, verstünden sie's, in der Nachtluft
wunderlich reden. Denn es scheint, daß uns alles
verheimlicht. Siehe, die Bäume sind; die Häuser,
die wir bewohnen, bestehn noch. Wir nur
ziehen allem vorbei wie ein luftiger Austausch.
Und alles ist einig, uns zu verschweigen, halb als
Schande vielleicht und halb als unsägliche Hoffnung.

Liebende, euch, ihr ineinander Genügten,
frag ich nach uns. Ihr greift euch. Habt ihr Beweise?
Seht, mir geschiehts, daß meine Hände einander
inne werden oder daß mein gebrauchtes
Gesicht in ihnen sich schont. Das gibt mir ein wenig
Empfindung. Doch wer wagte darum schon zu sein?
Ihr aber, die ihr im Entzücken des andern
zunehmt, bis er euch überwältigt

anfleht: nicht m e h r —; die ihr unter den Händen
euch reichlicher werdet wie Traubenjahre;
die ihr manchmal vergeht, nur weil der andre
ganz überhandnimmt: euch frag ich nach uns. Ich weiß,
ihr berührt euch so selig, weil die Liebkosung verhält,
weil die Stelle nicht schwindet, die ihr, Zärtliche,
zudeckt; weil ihr darunter das reine
Dauern verspürt. So versprecht ihr euch Ewigkeit fast
von der Umarmung. Und doch, wenn ihr der ersten
Blicke Schrecken besteht und die Sehnsucht am Fenster
und den ersten gemeinsamen Gang, e i n mal durch den
    Garten:
Liebende, seid ihrs dann noch? Wenn ihr einer dem andern
euch an den Mund hebt und ansetzt —: Getränk an
    Getränk:
o wie entgeht dann der Trinkende seltsam der Handlung.

Erstaunte euch nicht auf attischen Stelen die Vorsicht
menschlicher Geste? war nicht Liebe und Abschied
so leicht auf die Schultern gelegt, als wär es aus anderm
Stoffe gemacht als bei uns? Gedenkt euch der Hände,
wie sie drucklos beruhen, obwohl in den Torsen die Kraft
    steht.
Diese Beherrschten wußten damit: so weit sind wirs,
dieses ist unser, uns so zu berühren; stärker
stemmen die Götter uns an. Doch dies ist Sache der Götter.
Fänden auch wir ein reines, verhaltenes, schmales
Menschliches, einen unseren Streifen Fruchtlands
zwischen Strom und Gestein. Denn das eigene Herz übersteigt
    uns
noch immer wie jene. Und wir können ihm nicht mehr
nachschaun in Bilder, die es besänftigen, noch in
göttliche Körper, in denen es größer sich mäßigt.

DE (aus der zweiten Elegie), 12-13

Eines ist, die Geliebte zu singen. Ein anderes, wehe,
jenen verborgenen schuldigen Fluß-Gott des Bluts.
Den sie von weitem erkennt, ihren Jüngling, was weiß er
selbst von dem Herren der Lust, der aus dem Einsamen
oft,
ehe das Mädchen noch linderte, oft auch als wäre sie nicht,
ach, von welchem Unkenntlichen triefend, das Gotthaupt
aufhob, aufrufend die Nacht zu unendlichem Aufruhr.
O des Blutes Neptun, o sein furchtbarer Dreizack.
O der dunkele Wind seiner Brust aus gewundener
Muschel.
Horch, wie die Nacht sich muldet und höhlt. Ihr Sterne,
stammt nicht von euch des Liebenden Lust zu dem
Antlitz
seiner Geliebten? Hat er die innige Einsicht
in ihr reines Gesicht nicht aus dem reinen Gestirn?

DE (aus der dritten Elegie), 14

Uns aber, wo wir eines meinen ganz,
ist schon des andern Aufwand fühlbar. Feindschaft
ist uns das Nächste. Treten Liebende
nicht immerfort an Ränder, eins im andern,
die sich versprachen Weite, Jagd und Heimat.

DE (aus der vierten Elegie), 17

Siehe, da rief ich die Liebende. Aber nicht s i e nur
käme ... Es kämen aus schwächlichen Gräbern
Mädchen und ständen ... Denn, wie beschränk ich,
wie, den gerufenen Ruf? Die Versunkenen suchen
immer noch Erde. – Ihr Kinder, ein hiesig
einmal ergriffenes Ding gälte für viele.
Glaubt nicht, Schicksal sei mehr, als das Dichte der
 Kindheit;
wie überholtet ihr oft den Geliebten, atmend,
atmend nach seligem Lauf, auf nichts zu, ins Freie.
Hiersein ist herrlich. Ihr wußtet es, Mädchen, ihr auch,
die ihr scheinbar entbehrtet, versank –, ihr, in den ärgsten
Gassen der Städte, Schwärende, oder dem Abfall
offene. Denn eine Stunde war jeder, vielleicht nicht
ganz eine Stunde, ein mit den Maßen der Zeit kaum
Meßliches zwischen zwei Weilen –, da sie ein Dasein
hatte. Alles. Die Adern voll Dasein.
Nur, wir vergessen so leicht, was der lachende Nachbar
uns nicht bestätigt oder beneidet. Sichtbar
wollen wirs heben, wo doch das sichtbarste Glück uns
erst zu erkennen sich gibt, wenn wir es innen verwandeln.
Nirgends, Geliebte, wird Welt sein, als innen. Unser
Leben geht hin mit Verwandlung. Und immer geringer
schwindet das Außen.

DE (aus der siebenten Elegie), 27

Erde, ist es nicht dies, was du willst: unsichtbar
in uns erstehn? – Ist es dein Traum nicht,
einmal unsichtbar zu sein? – Erde! unsichtbar!
Was, wenn Verwandlung nicht, ist dein drängender Auftrag?

Erde, du liebe, ich will. O glaub, es bedürfte
nicht deiner Frühlinge mehr, mich dir zu gewinnen, einer,
ach, ein einziger ist schon dem Blute zu viel.
Namenlos bin ich zu dir entschlossen, von weit her.
Immer warst du im Recht, und dein heiliger Einfall
ist der vertrauliche Tod.
Siehe, ich lebe. Woraus? Weder Kindheit noch Zukunft
werden weniger ..... Überzähliges Dasein
entspringt mir im Herzen.

DE (aus der neunten Elegie), 35

Quel beau feu clair
vous avez allumé au carrefour de ma vie,
quel beau feu clair.
Et comme sa pure force assouvie
fait trembler l'air!

Clarté qui tremble de ce feu d'automne
pour être humainement
plus près de nous, plus émue et plus bonne
en rassemblenat au temps.

(Welch schönes, helles Feuer haben Sie angezündet am Schei-
deweg meines Lebens, welch schönes, helles Feuer. Und wie
seine reine gestillte Kraft die Luft erzittern macht!

Helligkeit, die zittert, von diesem Feuer des Herbstes, um
menschlich uns näher zu sein, bewegter und besser, indem
es der Zeit gleicht.)

KA 5, 376 und 377

Ein Gedicht aus den Pariser Tagen. Es gibt schon Menschen, die es kennen; ja es bestehen sogar zwei oder drei Abschriften in der und jener Hand.

Laß es Dir trotzdem nahe sein; ich weiß jetzt: Du vor allem hättest es haben müssen, damals, als es entstand.

Von mir will ich nichts sagen. Es ist ein feines Geräusch in mir und eine Bewegung wie von kommender Flut.

Ich möchte Gärten haben, damit ich Dir Blumen und Früchte senden könnte. Und dann würd ich Dir jetzt (wenn ich reich wäre) meinen Lieblingshund schenken, daß er Dich anschaue und um Dich sei.

Aber ich bin arm.

Leb wohl.

Rainer

Rilke an Gertrud Eysoldt, Juli 1905, Briefe 1, 105

NACHWORT
Rilke – die Liebe, die Kunst und das Leben

Für Alma

Rainer Maria Rilke und die Liebe – der große Dichter und das große menschliche Gefühl:
Schon allein diese Verknüpfung evoziert eine Vielzahl an divergierenden Assoziationen.

Zuerst mag man vielleicht an die Frauen denken, die auf dem Weg durch die großen Kulturlandschaften Europas des 1875 in Prag geborenen und 1926 in der Schweiz gestorbenen Dichters auftauchen. Auf seinem Lebensweg, der Rilke quer durch Europa führt – durch Tschechien, Österreich, Deutschland, Frankreich, Russland, Italien, Skandinavien, Spanien und die Schweiz –, begegnet er Frauen, aus deren Bekanntschaft verschiedene Beziehungen entstehen. Diese hier namentlich aufzulisten käme jedoch einer herzlosen Nomenklatur gleich, da sie den dahinter stehenden Schicksalen, so unterschiedlich sie sich gestalten und teilweise durchlitten werden, nicht gerecht werden. Dennoch müssen einige zumindest exemplarisch genannt sein.
Besonders bedeutend ist Lou Andreas-Salomé, auf die er vor der Jahrhundertwende 1897 in München trifft. Auch nach dem Abkühlen der (Liebes-)Beziehung wird es diese Frau sein, die bis zu seinem Tod im Dezember 1926 im Wallis in der Schweiz ein zentraler Bezugspunkt und eine Vertrauensperson in seinem bewegten Leben bleiben wird. Diese unvergleichliche Beziehung spiegelt sich in vielen Briefen und Gedichten, von denen auch einige in der vorliegenden Auswahl aufgenommen sind (vergleiche zum Beispiel S. 9 und 33).

Und natürlich ist an Clara Rilke-Westhoff zu denken, die Bildhauerin und Malerin aus dem Norden Deutschlands, denn schließlich ist es diese Beziehung, die 1901 in der Heirat mündet. Ein eher konventionelles Eheleben war den beiden nicht beschert. Wenn sie auch bis zum Tode Rilkes in Kontakt bleiben und die Ehe juristisch nie aufgelöst wurde, treten weitere Persönlichkeiten in Rilkes Leben. Bezeichnenderweise lernt Rilke bereits gleichzeitig mit Clara Westhoff in Worpswede deren Freundin und die damals noch unverheiratete Malerin Paula (Modersohn-)Becker kennen, und die Briefe zwischen Rilke und der heute geschätzten Künstlerin lassen eine besondere Affinität erahnen. Beispielsweise sei nur das hier abgedruckte große und großartige »Requiem« angeführt, das Rilke ein Jahr nach Paula Modersohn-Beckers tragischem Tod schreibt (vergleiche S. 104ff.). Auch die heute zu Unrecht weniger bekannte Malerin Lou Albert-Lasard soll genannt sein, zu der Rilke zeitweise eine besondere Liebesbeziehung pflegt. Rilke schreibt einige Widmungsgedichte, die diese Beziehung ausdrücken oder reflektieren (vergleiche zum Beispiel S. 10f.). Ferner ist die Beziehung zur Pianistin Magda von Hattingberg erwähnenswert. Es kam zwischen Rilke und ihr zwar zu einer zeitlich sehr begrenzten, aber dafür umso eruptiveren Gefühlsausschüttung, wovon sich ein Niederschlag im Schaffen des Dichters findet. Ebenfalls darf die Malerin Baladine Klossowska nicht übergangen werden, die heute weniger für ihr eigenes Werk bekannt ist als dafür, dass sie die Mutter von Pierre und Balthasar (Balthus) Klossowski ist. Es ist seine Mouky oder Merline, wie Rilke Baladine Klossowska nennt, die ihn in den letzten Schweizer Jahren in einem komplizierten und komplexen Beziehungsgeflecht begleitet. Einige sehr eindringliche Texte Rilkes zur Liebe sind mit ihrem Namen verbunden (vergleiche zum Beispiel S. 15f.). Diese wenigen Personen mögen stellvertretend genannt sein, um den biographischen Hintergrund zumindest etwas zu erhellen. Ist es bedeutsam, verwunderlich oder zufällig, dass beim Sprachvirtuosen Rilke viele Frauen aus dem Bereich der Kunst stammen? Sie alle hinterlassen jeweils ihren Abdruck in der Biographie oder verändern diese maßgeblich mit – oft aber finden sich auch, und wie könnte es bei einem Dichter wie Rilke anders sein, deren mehr oder weniger deutliche Spuren im künstlerischen Schaffen selbst. Die vorliegende Auswahl gibt einen kleinen Einblick.

Anschließend führt das Thema Liebe auch ins weitere Werk. Die Liebe ist eine Konstante in Rilkes Dicht-Kunst, und so verwundert es kaum, dass in allen Phasen diese Thematik anzutreffen ist. Doch darf bei Rilke das Thema Liebe gerade nicht nur biographisch verkürzt werden. Eine solche Verengung verbietet sich, da sie der komplexen Vielfalt nicht angemessen wäre. Rilke besingt die Liebe und die Frauen auf derart unterschiedliche Weise, dass eine ungeheure Mannigfaltigkeit an künstlerischer Ausformulierung vorliegt. Doch bei aller Divergenz entwickelt der Dichter im Werk eine eigentümliche Liebes-Konzeption: Es taucht eine Reihe der »großen Liebenden« (KA 2, 615) auf, die der Dichter zu einem eigentümlichen Ideal stilisiert. So gibt es etwa Gaspara Stampa, die portugiesische Nonne Marianna Alcoforado oder Louise Labbé. Sie sind Rilke Garant dafür, dass die Liebe sich nicht einzig an dem geliebten Gegenüber ausrichten darf, da dies eine Beschränkung darstelle. Vielmehr stehen sie dafür ein, dass die Liebe über die geliebte Person hinausgehen müsse. Solche Zeugnisse finden sich etwa in dem Prosa-Buch »Die Aufzeichnungen des Malte Laurids Brigge« von 1910 (vergleiche zum Beispiel S. 54f.) und in den 1923 erschienenen »Duineser Elegien« (vergleiche zum Beispiel S. 113f.).
Rilke wäre jedoch nicht Rilke, wenn er sich beim Thema Liebe

in einer reinen Idealisierung erschöpfen würde. So mag es für den einen oder anderen Lesenden vielleicht anfänglich befremdlich sein, dass bei Rilke die körperliche Seite der Liebe ebenfalls nicht nur zu ihrer vollen Berechtigung kommt, sondern auch einen deutlichen Niederschlag im Werk findet. Dessen offensichtliches Beispiel mögen die zu Lebzeiten nicht publizierten »Sieben Gedichte« (vergleiche S. 70ff.) sein, jedoch ließen sich viele weitere Stellen im Werk anführen, die dem Körper gerade sein Recht im Bereich der Liebe zugestehen.

In diese Vielschichtigkeit der Thematisierung reiht sich ein weiterer und nicht minder gewichtiger Aspekt ein. Denn ebenso wie Rilke dem Körper seine Rolle zukommen lässt, gestaltet und besingt er die Liebe wortwörtlich nicht einseitig. Die Liebe ist für Rilke nicht nur das Hochgefühl – das wäre eine naive Trivialisierung. Vielmehr finden sich viele poetische Texte, die sich der Rückseite des Hochgefühls annehmen und dies poetisch einzufangen versuchen. Die Liebe ist also immer beides.

Abschließend muss noch ein letzter Aspekt erwähnt sein, weil er derart zentral ist und auch bei der vorliegenden Auswahl berücksichtigt wurde. Bei Rilke findet sich oft eine spezifische Beziehung zwischen dem von ihm geschaffenen Text und der Liebe. Aus künstlerischer Perspektive mag das eine besondere Brillanz haben, individuell-biographisch kann dies jedoch nicht nur viel Konfliktpotenzial enthalten, sondern vielleicht sogar höchst tragisch sein. Rilke selbst war sich dessen natürlich und leider nur zu leidvoll bewusst. Viele Brief- und Werkpassagen widmen sich diesem Verhältnis zwischen Liebe, künstlerischer Arbeit und Leben. Eines der wohl beeindruckendsten Zeugnisse, wenn man in einem solch existenziellen Bereich diese Wortwahl überhaupt durchgehen lassen will, ist dabei der Auszug aus dem von Rilke so betitelten »Testament« (vergleiche S. 89 ff.). Es beschreibt eindringlich und nachdrücklich, dass der einzige Konflikt Rilkes der zwischen der Liebe und seiner künstlerischen Arbeit sei. Rilke verfasst diesen Text in einer großen Schaffensnot, als er nach mehrjährigem Ringen das Abschließen der bereits 1912 begonnenen »Duineser Elegien« mit allem Einsatz unbedingt herbeiführen will und ihm nach vielen Widrigkeiten die Vollendung bevorzustehen scheint, jedoch unter anderem die Liebe zu Baladine Klossowska ihn davon abhält. Einzig und allein davon gibt Rilke sich selbst im 1921 geschriebenen »Testament« Rechenschaft. Doch zum Glück für Rilke – und für uns als Lesende – wird er die zehn »Duineser Elegien« 1922, nach zehn Jahren, dennoch abschließen und bis zu seinem frühen Tod 1926 noch viele großartige Texte verfassen.

Raoul Walisch

QUELLENVERZEICHNIS

Die arabischen Ziffern am Ende der abgekürzten Stellenangaben im Text geben die Seitenanzahlen an.

KA 1, 2, 3, 4 – Rainer Maria Rilke: Werke. Kommentierte Ausgabe in vier Bänden. Herausgegeben von Manfred Engel, Ulrich Fülleborn, Horst Nalewski und August Stahl. Frankfurt am Main und Leipzig 1996.

KA 5 – Rainer Maria Rilke: Werke. Kommentierte Ausgabe in vier Bänden. Supplementband. Gedichte in französischer Sprache. Mit deutschen Prosafassungen. Herausgegeben von Manfred Engel und Dorothea Lautenbach. Übertragungen von Rätus Luck. Frankfurt am Main und Leipzig 2003.

SW I, II, III, IV, V, VI – Rainer Maria Rilke: Sämtliche Werke. Herausgegeben vom Rilke-Archiv in Verbindung mit Ruth Sieber-Rilke, besorgt durch Ernst Zinn. 6 Bände. Frankfurt am Main 1987 (= insel taschenbuch 1101-1106).

DE – Rainer Maria Rilke: Duineser Elegien. Leipzig 1923.

SaO – Rainer Maria Rilke: Die Sonette an Orpheus. Geschrieben als ein Grab-Mal für Wera Ouckama Knoop. Leipzig 1923.

Briefe 1, 2, 3 – Rainer Maria Rilke: Briefe. Herausgegeben vom Rilke-Archiv in Weimar in Verbindung mit Ruth Sieber-Rilke, besorgt durch Karl Altheim. 3 Bände. Frankfurt am Main 1987 (= insel taschenbuch 867).

RMR/AF – Rainer Maria Rilke; Anita Forrer: Briefwechsel. Herausgegeben von Magda Kerényi. Frankfurt am Main 1982.

RMR/LAS – Rainer Maria Rilke; Lou Andreas-Salomé: Briefwechsel. Herausgegeben von Ernst Pfeiffer. Frankfurt am Main und Leipzig 1989 (= insel taschenbuch 1217).

RMR/Merline – Rainer Maria Rilke; Merline: Correspondance. 1920-1926. Rédaction Dieter Bassermann. Zürich 1954.

RMR/MvH – Rainer Maria Rilke: Briefwechsel mit Magda von Hattingberg. »Benvenuta«. Herausgegeben von Ingeborg Schnack und Renate Scharffenberg. Frankfurt am Main und Leipzig 2000.

RMR/PMB – Paula Modersohn-Becker: Briefwechsel mit Rainer Maria Rilke. Mit Bildern von Paula Modersohn-Becker. Herausgeben von Rainer Stamm. Frankfurt am Main und Leipzig 2003 (= Insel-Bücherei 1242).

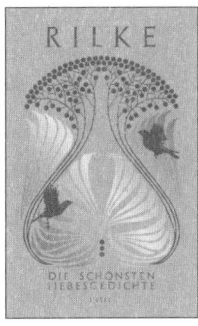

Rainer Maria Rilkes Liebesgedichte sind Botschaften der Liebe, dem höchsten Auftrag des Daseins folgend: Liebe leben lernen, sich dem Liebeserlebnis ganz »mit allen seinen voneinander kaum unterscheidbaren Entzückungen« hingeben.
Sie erzählen von der Suche nach Liebe, vom Staunen über sie und von der völligen Hingabe, doch auch von der Klage über ihre Unerreichbarkeit. Sie verbinden Liebe und Tod, Liebeslust und Liebesklage – und nicht zuletzt Liebe und Dichtung, »denn es ist nur ein Schritt von der Hingabe der Liebenden zum Hingegebensein des lyrischen Dichters«.
Siegfried Unseld ist diesem besonderen Zauber von Rilkes Liebesgedichten nachgegangen; sein Nachwort zeigt: Für Rilke war die Liebe ein Besitz, den man nicht besitzen kann.

Rainer Maria Rilke, Die schönsten Liebesgedichte. Ausgewählt von Vera Hauschild. Mit einem Nachwort von Siegfried Unseld. insel taschenbuch 5084. 107 Seiten. Auch als eBook erhältlich

NF 628/1/12.24